Gerhard Engelsberger

Von Achtsamkeit bis Zuversicht

Gerhard Engelsberger

Von Achtsamkeit bis Zuversicht

200 Gebete für den Gottesdienst

Kreuz

Bibliografische Information der Deutschen Bibliothek
Die Deutsche Bibliothek verzeichnet diese Publikation in der
Deutschen Nationalbibliografie; detaillierte bibliografische
Daten sind im Internet über http://dnb.ddb.de abrufbar.

© 2009 Verlag Kreuz GmbH
Postfach 80 06 69, 70506 Stuttgart

www.kreuzverlag.de

Umschlaggestaltung: Bergmoser + Höller Agentur, Aachen
Satz: de·te·pe, Aalen
Druck: CPI – Clausen & Bosse, Leck

ISBN 978-3-7831-3247-2

Inhalt

Vorwort

Lege ein zartes Band
um unsere Sätze.
Binde einen lockeren Knoten
um unsere Versuche.
Befreie uns
von der Fessel
des richtigen Wortes.
Du verstehst.
Gott.

Streue ein Lächeln
in unsere Hast.
Gib eine leichte Melodie
zu unseren Proben.
Und wirf die Bruchstücke unserer Gebete
in den Zauber deiner Himmel.
Du liebst.
Das bleibt.
Gott.
Amen.

Im Gedenken an Bernd Eller.
Gemeinsam haben wir gestaunt.
Er kannte die Himmel besser als ich.

Wiesloch, Sommer / Herbst 2008
Gerhard Engelsberger

Abend

Treuer Gott,
es wird Abend.

Ein Tag kommt an sein Ende.
Ich brauche Zeit.
Möchte verstehen,
was war.

Da waren Eindrücke, Begegnungen.
So vieles ist gelungen.
Manches ist noch offen.
Einiges war falsch.

Ich möchte noch nicht
an morgen denken.
Auch da wartet vieles,
was nicht erledigt ist.

Ich möchte zur Ruhe kommen.
Das eine
dankbar weglegen können.
Es war gut, wie es war.
Dem anderen
noch eine Zeit schenken,
eine Nacht,
dieses Gebet
und mein Vertrauen,
dass morgen ein Weg sein wird.

Löse mich vom Tag.
Es wird Abend.
Löse mich von der Sorge.
Du meinst es gut.
Löse mich von meinen Plänen.
Du hast einen Weg mit mir.
Löse mich von jeder Bindung,
die mir das Leben schwermacht.

Löse mich.
Du bist mein Halt.

Achtsamkeit

Gott,
zärtlich und schonend bist du.
Du achtest das Schwache nicht gering
und übersiehst nicht die am Rand.

Klar ist deine Weisung.
Dein Wort hat Gewicht.
Dein Wille ist unmissverständlich:

Auch wir
sollen das Schwache
nicht gering achten,
die Wegränder absuchen
nach Langsamen,
nach Verletzten,
nach Übergangenen.

Schärfe unsre Sinne.
Orientiere unser Gewissen
am Einklang mit deinem Willen.

Schenke uns Achtsamkeit
für Wunden und Wunder.

Advent

Du kommst
unscheinbar wie immer,
nicht Nobelkarosse oder Vierspänner,
eher Fahrrad oder Esel.

Du kommst
durch das Spalier
von Tannenbäumen und Spielzeugraketen.

Du kommst
aus bezuckerten Wäldern,
aus Sterntalerhimmeln,
aus Lamettabergen.

Aus Kinderträumen
fällst du in unseren Alltag
und schenkst ihm ein Leuchten
aus einer anderen Welt.

Und noch bevor die Massen
Hosianna rufen können
oder Kreuzige ihn,
singen die Engel ihr
Ehre sei Gott
und Frieden auf Erden.

Das bleibt.

Allmacht

Nach all den Kriegen, Gott,
nach ausgebliebenen Wundern,
nicht erhörten Gebeten
und Bergen an Schuld,
bleibt uns deine Allmacht fremd.

Das Meer kommt und geht.
Winter und Sommer kommen und gehen.
Sonne und Mond kommen und gehen.
Den Früheren waren sie Götter.
Auf sie war Verlass.
Doch du, der du in Ewigkeiten denkst,
bleibst uns ein Rätsel.

In deiner Allmacht suchen wir nach Güte,
in deiner Schwäche suchen wir Trost.
Wohin sollten wir sonst gehen
auf der Suche nach einem,
der bleibt?

Wir suchen Halt an dem einen,
der nichts tat, um sich zu beweisen;
der Fragen offenließ und Wunden heilte;
der – verraten und verkauft – starb,
damit wir leben.

Alltag

Guter Gott,
wir stellen unseren Alltag
in deinen Glanz.

Pflicht ruft,
Arbeit wartet,
Geschäft drängt.

Doch wir halten fest,
was uns dein Wort verheißt:
Du stellst unsere Füße
auf weiten Raum.
Du bereitest uns eine Ruhe,
die nicht trügt.
Du schenkst uns eine Weite,
in der wir uns nicht verlieren.

Alle Tage kommen aus deiner Hand,
du säst unsere Zeit großzügig,
wie die Jungen Zeit verschwenden
in Zeiten der Liebe,
und die Alten kein Maß kennen
im Spiel mit den Enkeln.

Du führst unsere Seele an die Quelle des Lebens,
geborgen sind wir in Abrahams Schoß.

Das ist unser Erbteil Glanz,
unser Erbteil Weite,
unser Erbteil Sonntag mitten im Alltag.

Alter

Zeit heilt Wunden.
Zeit raubt Illusionen.

Wir werden älter.
Von Kriegen verschont,
dem Hunger entkommen
werden wir älter
und sind dankbar.

Hilf uns,
dass wir unsere Jahre und Tage
nicht zählen,
wie Spekulanten
Summen und Faktoren zählen
an der Börse.

Hilf uns,
die geschenkte Zeit
zu füllen mit den Gaben des Alters:
mit Weisheit und Erfahrung,
mit Nachsicht und Bescheidenheit.

Lass uns teilen mit Sommerhänden
und glauben mit einem Herzen,
das den Einklang übt mit dir, Gott.

Dann öffnen wir unaufgeregt die Hände
und atmen tief durch.
Wir sind längst in dir, Gott.

Wenn Menschen uns stützen
und du, Gott, uns trägst,
entdecken wir
die Weite des Lebens,
den Glanz des Alters
und das Ende der Angst.

Es ist schön,
in diesem Frieden
alt zu werden.

Angst

Angst macht klein.
Angst macht die Wege eng.
Die Gedanken springen.
Das Herz jagt.

Menschen leben in Angst.
Menschen sterben vor Angst.
Sind wie tot – mitten im Leben.

Du bist Gott und liebst das Leben.
Du bist Gott und nimmst die Angst.
Du bist Gott und machst die Kleinen groß.
Du bist Gott und ermutigst zum offenen Wort.
Du bist Gott und kein anderer.

Du weitest den Blick,
entkrampfst jedes Gespräch,
würdigst die am Rand
und trägst nicht das Geringste nach.

Dafür steht und lebt
Jesus.

Wir sagen, er sei dein Sohn.
Wir glauben, er sei auferstanden aus jedem Tod.
Wir hoffen, er sei unser Leben.
Das nimmt uns alle Angst.

Arbeit

Dass unsere Arbeit nicht zum Fluch wird,
sondern zum Segen,
darum bitten wir dich,
Gott des Segens.

Dass uns unsere Arbeit erfüllt
und nicht entfremdet,
darum bitten wir dich,
Gott der Barmherzigkeit.

Dass unsere Arbeit Nahen oder Fernen nützt
und niemandem schadet,
darum bitten wir dich,
Gott der Liebe.

Dass unsere Arbeit deine Schöpfung preist
und die Wunder des Lebens nicht verhöhnt,
darum bitten wir dich,
Gott des Friedens.

Dass unsere Arbeit gerecht entlohnt wird
und jeder Mensch sein Auskommen hat,
darum bitten wir dich,
Gott der Gerechtigkeit.

Dass du uns Gedanken und Worte,
Hand und Fuß,
Lebenskraft und Einfallsreichtum schenkst,
dafür danken wir dir.

Arbeitslosigkeit

Sie stehen Schlange.
Die meisten sprechen kein Wort.
Sie ziehen eine Nummer.
Sie warten,
viele seit Wochen und Monaten.
Sie sind ohne Arbeit.
Sie reden nicht darüber.
Sie klagen nicht ihre Not.
Sie sind müde geworden.
Sie zweifeln an sich selbst.

Sie stehen Schlange.
Und du, Gott,
stehst mitten unter ihnen.
Nummer 428 an diesem Morgen.
Oder bist du gleich wieder gegangen
wie die Frau mit den Plastiktüten in der Hand
und dem weinenden Kind?

Gott, du siehst ihre Not.
Sie stehen Schlange.
Öffne ihnen eine Tür.
Öffne ihnen unsere Tür.

Armut

Die Armutsgrenze
liegt bei 938 Euro.
So definieren die Armut,
die den Mangel verwalten,
die es gut meinen mit den Zu-kurz-Gekommenen,
und mit ihren bescheidenen Mitteln
Recht schaffen wollen
den Armen.

Die kleine Zahl der Reichen
wird reicher,
die große Zahl der Armen
wird ärmer.
Dir, treuer Gott,
klagen wir dieses Unrecht.
Dich bitten wir um Lösungen,
die nicht neues Unrecht schaffen,
die Teilhabe möglich
und Gerechtigkeit wirklich
werden lassen.

Du hast jedes Leben geschaffen
als wunderbare, einmalige
Kostbarkeit.
Jeden einzelnen Menschen,
dem wir begegnen,
wollen wir wertschätzen
und damit dir,
seinem Schöpfer,
die Ehre geben.

Atem

Dein Odem Gott –
Lebensatem dem Menschen.
Du hast uns
das Wunder Leben
eingehaucht,
hast uns belebt,
zum Leben erweckt
vom ersten Schrei
bis zum letzten Seufzer.
Zu deinesgleichen
hast du uns gemacht,
dir ein Bild
und der Welt ein Zeichen
des Lebens.

Seit Ewigkeiten
pulsiert dein Atem,
erweckt und gestaltet den Kosmos,
gibt und nimmt,
sieht erblühen und vergehen.
Milchstraßen beugen sich deinem Willen.
Sternbilder preisen dich mit unendlicher Schönheit.

Hineingewoben sind wir
in das kosmische Geschehen,
wie Wassertropfen
eingebunden sind
ins Meer.

Ruhig fließt dein Atem, Gott,
von Ewigkeit zu Ewigkeit
entspringt Leben aus Leben.

Auferstehung

Nichts ist fremd.
Alles ist offen.
Keiner wirft sich weg.
Niemand rechnet ab.
Kein Fensterkreuz, kein Fadenkreuz,
keine Ketten und Straßensperren.
Alle bauen an Brücken
und Wegen.
Keiner vertieft die Gräben.
Niemand zieht Mauern.
Keine Bremsspuren.
Wir feiern Auferstehung.

Die alten Zahlen gelten nicht mehr,
alte Wegweiser sind ohne Bedeutung.
Man wird »verrückt« sagen
und schweigen.
Dein Sohn, Gott, steigt vom Kreuz,
mischt sich unter die Gläubigen,
geht in die Menge ein,
geht in der Masse unter,
wird einer von vielen,
einer von allen,
und keiner, der ihm wehrt.
Die Spötter schweigen.
Die Gläubigen sind betreten.
Damit hat keiner gerechnet.
Mit dir, Gott,
hat wirklich keiner gerechnet.
Nicht so.
Nicht so konsequent.
Und nicht so bald.

Wir feiern Auferstehung.
Alles schweigt.
Stille Erwartung.
Keine Angst.
Da ist nur
ein Wort.

Gott
sagt Du zu uns.
Du.

Ausdauer

Ich bitte nicht um Wunder und Visionen, Herr.
Ich bitte um Kraft für den Alltag.
Lehre mich die hohe Kunst
der einfachen Dienste
und der kleinen Schritte.

Lass mich erkennen, dass Träumereien nicht weiterhelfen,
weder über Vergangenes noch über die Zukunft.
Hilf mir, das Nächste so gut wie möglich zu tun
und die jetzige Stunde als wichtig zu erkennen.

Bewahre mich vor dem naiven Glauben,
es müsse im Leben alles glattgehen.
Schenke mir die nüchterne Erkenntnis,
dass Schwierigkeiten, Niederlagen und Rückschläge
eine selbstverständliche Zugabe zum Leben sind,
durch die ich wachse und reife.

Meiner Liebe gib
Bestand
und meinem Glauben
Ausdauer.
Und, Gott –
verliere nicht die Geduld
mit mir.

Auseinandersetzung

Wir wollen keinen Streit,
Gott.
Deine Kirche sucht Harmonie,
als ob ihr Heiland
Konfuzius,
nicht Jesus Christus
hieße.

Wir treten niemandem zu nahe.
Wir schweigen lieber.
Wir denken uns unseren Teil.
Wir gehen Konflikten aus dem Weg.
Wir melden uns gar nicht
oder melden uns krank.
Wir meiden
die Auseinandersetzungen.

Wir sind nicht heiß und nicht kalt,
wie damals die Gemeinde in Laodizäa.
Angewidert warst du, Gott,
über so viel Lauheit,
Anpassung und Scheinfrieden.

Beende unsere Heuchelei.
Gib uns die Kraft zur Auseinandersetzung.
Hilf uns, Partei zu ergreifen
in den Kämpfen des Lebens heute.

Außenseiter

Gott,
ich stehe am Rand.
Sie schauen zu mir herüber.

Ich weiß nicht,
wann man aufsteht im Gottesdienst.
Ich kenne nur die ersten Zeilen
des Glaubensbekenntnisses.
Die Lieder sind mir fremd,
die Psalmen finde ich nicht
im Gesangbuch.

Ich habe mich an den Rand gesetzt.
Alle Fluchtwege sind offen.
Noch lege ich den Mantel nicht ab.
Ich habe kein eigenes Gesangbuch.

Sie sprechen nicht meine Sprache.
Ich bin hier fremd.
Auf der Suche
nach einer Herberge.

Ich bin hier fremd.
Und doch
ist da eine Ahnung
von Heimat.

Auszeit

Auszeit.
Ein Geschenk.
Ich lege die Hände in den Schoß.
Gott, du hast mich freigestellt.
Meine Sorgen fallen in dein Netz,
meine Seele ruht in Abrahams Schoß
und mein Herz spürt den Segen.

Du hast mich
auf die Seite genommen.
Hast mir ins Ohr gesagt,
ans Herz gelegt:
Nun lass es gut sein.
Schön,
dass mir das jemand sagt.

Ich lasse es gut sein.
Vieles ist offen.
Für heute
lege ich die Hände in den Schoß.

Hüte du das Offene,
birg du das Verletzliche.

Du hast mich auf die Seite genommen.
Du hast mich freigestellt.
Ich nehme
dankend an.

Barmherzigkeit

Wenn uns auch alles gegen den Strich geht,
wenn nichts gelingen will,
wenn wir uns verrannt haben,
dann vertrauen wir doch
auf deine Barmherzigkeit, Gott.

Wir stellen uns unter das Kreuz deines Sohnes.
Wir suchen die Stille und deinen Trost.
Wir sind wie Durcheinandergewirbelte,
wie Taumelnde, wie Blinde.
Du wirst uns neu ausrichten.

Du kannst aus der Dunkelheit Licht machen,
aus dem Labyrinth von Problemen
kannst du herausführen.
Befreie uns, guter Gott.

Von alters her preisen Menschen
deine Barmherzigkeit.
Lass auch uns spüren,
dass du bei uns bist.

Begegnung

Du, Gott, bist Mensch geworden.
Nimm uns unsere Menschenscheu.

Du bist uns Bruder und Schwester geworden.
Nimm uns unseren Argwohn.

Du bist uns Mutter und Vater.
Stärke und erhalte unser Vertrauen.

Du gibst dich in unsere Hände.
Nimm uns unsere Vorurteile.

Treuer Gott,
schenke unserem Miteinander
die Tiefe ehrlicher Vorfreude,
die Offenheit gespannter Erwartung
und die Weite echter Freundschaft.

Ermutige uns
zum Wagnis echter Begegnung.

Beichte

Gott,
ich beichte dir mein Leben.

Du kennst mich.
Du kennst die kleinen Schwächen,
die großen Fehler,
die schweren Sünden
meines Lebens.

Ich beichte nicht,
um dir zu eröffnen,
was längst für dich offen ist.

Ich beichte nicht,
um ruhiger schlafen
und leichter leben zu können.

Ich beichte dir,
weil ich allein
zu schwach bin,
mich zu ändern.

Du kennst mich.
Du liebst mich.
Befreie mich aus meiner Verstrickung.
Kehre mich um.

Bekenntnis

Dreieiniger Gott,
wir tun uns schwer
mit dem Bekenntnis zu dir.
Jeder fände eigene
passende Worte.
Jeder möchte aus dem Bekenntnis
Sätze streichen,
Bilder deuten,
Gedanken interpretieren.

Wir sprechen das Bekenntnis zu dir auswendig.
Wir beherrschen die Sätze.
Inwendig gehen wir auf Distanz.

Und doch ist uns das Bekenntnis
zu dir, dem dreieinigen Gott, lieb.
Es ist Zeichen unserer Einheit.
So muss nicht jede Kirche
fünf Glocken,
eine Vierung
und eine Umfriedung haben,
damit Menschen dir begegnen.
Dein Wort lebt und wirkt.

Das Bekenntnis zu dir
wächst jeden Tag,
mit ihr und mit ihm,
mit Nahen und Fernen,
mit Elend und Freude.
Und doch hat es
seine bleibende Mitte
in Jesus, dem Christus,
unserem Bruder
und Freund.

Bescheidenheit

Gott,
sie träumen vom Meer
und geben sich zufrieden
mit fünf Quadratmetern Gartenteich.
Bin ich unbescheiden,
wenn mir das nicht reicht?
Bin ich maßlos,
wenn ich Fragen stelle, die andere nicht stellen,
wenn ich dich spüren will, nicht nur denken,
wenn ich dich hören will, nicht nur von dir lesen?

Wann schieße ich übers Ziel hinaus,
und wann greife ich zu kurz? –
Ich bin mit mir selbst uneins.
Ich suche noch mein Lot.

Lass mich in der Gemeinde nicht allein.
Lass mich in der Gemeinde Menschen finden,
an die ich mich anlehnen kann in meinem Zweifel,
die ein ehrliches Interesse haben an meinen Fragen,
die Verständnis haben für meine Umwege,
mit denen ich mich freuen kann über erste Antworten.

Bleibe mir gnädig im Überschwang
wie in der Besonnenheit.
Du bist meine Mitte.
Du bist die Mitte der Gemeinde.

Du verstehst, wenn ich sage:
Ich möchte nicht genügsam sein
und doch
bescheiden.

Bibel

Auf unserem Altar
liegt die Bibel,
die heilige Schrift,
dein Wort, Gott.

Überliefert durch viele Generationen,
bezeugt von Frauen und Männern in schwierigster Zeit.
Manche haben mit dem Leben bezahlt,
wenn sie die Bibel besaßen,
erst recht, wenn sie nach ihr lebten.

Dies Buch, unser Gott,
ist kein Buch wie andere Bücher.
Auch wenn wir nicht alles verstehen,
auch wenn uns manches fremd,
anderes widersprüchlich
und vieles fragwürdig bleibt –
wir trauen deinem Wort.

Die Bibel ist nie fertig,
dein Wort ist nie abgeschlossen,
dein Wort lebt.
Jeder von uns schreibt die Worte der Bibel weiter.
In jedem Leben, das du schenkst,
brechen neue Seiten auf,
sehen wir frische Farben.
Wir spüren einen nie endenden Reichtum.
Und doch ist allen Worten das eine gemeinsam:
Du sprichst.

Gott,
wir danken für dein Wort
und möchten aus seiner Vielfalt
nichts missen.

Sprich weiter.
Und lass uns
hören üben.

Bitte

Unsere Bitten
finden Gehör,
auch wenn
unsere Wünsche
sich nicht erfüllen.

Dein Wort gilt,
Gott.

Deine Gemeinde,
Jesus Christus,
gerufen zum Lob,
versammelt zum Gebet,
hört dein Wort.

Bring unsere Bitten
mit deinem Wort
in Einklang.
Dann verstehen wir,
wie überwältigend es ist,
wenn dein Wille geschieht.

Brot

Gib mir eine Mutter, die sich um mich sorgt,
und einen Vater, der mit mir spielt.
Gib uns unser täglich Brot.

Erhalte meinen Arbeitsplatz und
gib mir so viel, dass es für meine Familie reicht.
Gib uns unser täglich Brot.

Gib mir eine Frau, einen Mann, die mich aushalten,
und Kinder, die mir verzeihen.
Gib uns unser täglich Brot.

Gib mir Zeiten für mich, dass ich mich nicht verliere,
und einen Mann, eine Frau,
der/die mir treu ist und mich liebt.
Gib uns unser täglich Brot.

Gib mir Freude am Leben,
einen Glauben, der trägt,
eine Hand, die wärmt,
eine Hoffnung, die sich nicht zerschlägt,
und vergib mir,
wo ich nicht teilte,
was du mir im Übermaß geschenkt hast:
unser täglich Brot.

Bund

Noah, Abraham,
das ganze Volk Israel am Sinai –
sie haben alle gehört:
Ich will mit dir sein.
Auch wenn sie
das eigene Versprechen
nicht gehalten haben:
Sie konnten darauf vertrauen,
dass du, Gott,
deinen Bund hältst.

Wie dein Volk Israel
erkennen auch wir:
Wir haben Fehler gemacht in unserem Leben.
Für manche haben wir gebüßt,
andere blieben verborgen.

Da war auch Gutes.
Manches führte weiter,
manches brachte uns Dankbarkeit.
Wieder anderes
hat nicht gefruchtet
und war im Nachhinein vergebens.

Was einzig zählt
von Anfang bis Ende,
ohne Wenn und Aber:
In deinem Namen sind wir getauft.
Wir sind eingeschrieben ins Buch des Lebens.
Für uns ist ein anderer gestorben.
Und der andere lebt.
Mit ihm auch wir.

Christen

Jesus Christus,
nach deinem Namen nennen wir uns.
In deinem Auftrag taufen wir.
Zu deinem Gedächtnis feiern wir Abendmahl.
In dein Leiden, Sterben und Auferstehen
setzen wir unsere Hoffnung
an den Grenzen des Lebens.

Du bist die Mitte,
um die sich weltweit Kirchen
und Konfessionen gliedern.

Wir bitten dich für alle
Christinnen und Christen,
für alle unsere Geschwister weltweit:

Stärke unseren Glauben;
lass dein Wort heilend wirken;
segne die Sakramente;
lass uns Freude finden an der Vielfalt
und öffne uns für das Geheimnis der Einheit.
In dir sind wir eins.

Christus

Christus, Sohn des Vaters,
wir sind dir Schwester und Bruder.
Herr, erbarme dich.

Christus, lebendiges Wort Gottes,
öffne Ohren und Herzen für das Evangelium.
Herr, erbarme dich.

Christus, Heiland der Welt,
sieh Wunden, Gräben, Leid und Elend.
Herr, erbarme dich.

Christus, Bruder am Kreuz,
durchbrich unsere Ohnmacht und wehre dem Unrecht.
Herr, erbarme dich.

Christus, Erlöser,
vergib meinem Nächsten und mir die Schuld.
Herr, erbarme dich.

Christus, Friedensfürst,
zeige uns Wege aus Gewalt, Hass und Krieg.
Herr, erbarme dich.

Christus, der Welt Richter,
richte uns auf und gib uns neue Orientierung.
Herr, erbarme dich.

Christus, Licht der Welt,
komm mit deinem Glanz in unser Dunkel.
Herr, erbarme dich.

Christus, Auferstandener,
du bist die Antwort auf jeden Tod.
Herr, erbarme dich.

Dank

Wie können wir
dir danken,
Gott?

Ehe wir denken,
hast du geschaffen.
Ehe wir bitten,
hast du uns beschenkt.

So wollen wir
dir danken,
indem wir leben,
wie du uns gedacht hast:

Ebenbilder
deiner grenzenlosen Liebe;
Schwestern und Brüder
deiner Geschöpfe;
Engel auf dem Weg zu denen,
die unsere Hilfe brauchen.

Gib unserer Dankbarkeit
Hand und Fuß.

Und nimm uns
jede Widerrede
von der Seele.

Demut

Jesus Christus,
wir tun uns schwer
mit all den guten Eigenschaften:
Geduld, Sanftmut, Demut.
Wir hören wohl.
Wir verstehen auch.
Wir wollen nicht.

Die Demütigen machen sich klein,
lassen sich die Butter vom Brot nehmen,
kommen meist einen Schritt zu spät
und haben trotzdem noch ein gutes Wort.

Lehre uns erkennen,
dass das deine Art ist.
So bist du.
Du machst dich klein.
Du lässt dich auf Lügner ein.
Du fällst uns nicht ins Wort.
Du bist demütig.
Nicht anders
fänden wir Ruhe
für unsere Seelen.

(zu Matthäus 11,29)

Dreieinigkeit

Gott,
wir haben aus dir
ein Rätsel gemacht,
wir haben dich
auf einen Begriff gebracht und
zu verstehen versucht.

Du aber kommst zu uns
in der Unschuld eines Kindes,
in Regenbogen und Kreuz,
in Brot und Wein,
im einfachen Fremden,
in der Liebe von Frau und Mann,
im Wasser der Taufe,
im Wort der Bibel,
im Nein eines Engels,
im Ja eines Helfers,
im Lied einer Amsel,
im Regen nach der Dürre.

Hilf uns,
dich in den einfachen Dingen zu suchen,
uns mit den einfachen Antworten zu begnügen,
dir und deiner Liebe einfach zu vertrauen.

Dritte Welt

Wir halbieren,
dritteln und vierteln die Erde,
Gott,
in bessere und schlechtere
Hälften, Drittel und Viertel.

Fruchtbar die einen,
verbrannt die anderen,
verflucht die Dritten.

Gesegnet,
so sagen wir, die Unzufriedenen,
gesegnet seien wir
und unser Land,
in dem es keinen Krieg gibt
seit sechs Jahrzehnten
und keinen Hunger
und Arbeit für jeden,
der sich auf die Hinterfüße stellt.

Wir bekennen dir
das schleichende Unrecht,
die versteckte Schuld,
unsere Unfähigkeit
zu teilen.

Ebenbild

Gott,
allein die Art,
wie du uns siehst,
macht uns besser.
Die Art,
wie du uns liebst,
macht uns frei.

Du hast uns geschaffen,
nicht Zufall und Willkür.
Du stellst uns in die Weite deiner Schöpfung,
in die Unermesslichkeit der Zeit,
in den Glanz deiner Nähe
und sagst:

Nun geht,
seid meine Ebenbilder.
Bringt Frieden aus Frieden,
schenkt Liebe aus Liebe,
bringt Licht aus Licht.

Ehe

Treuer Gott,
wir bitten
für die Eheleute unter uns.

Die Belastungen sind groß,
der Druck wächst,
Lügen liegen auf der Hand,
Flucht lockt.

Die dauernde Liebe zweier Menschen,
die Verbindlichkeit
und der ehrliche Wunsch,
beieinander zu bleiben,
ist fremd geworden.
Gelingende Ehen
grenzen an Wunder.

Und doch leben sie hier
in unserer Gemeinde:
Paare, die sich nicht haben beirren lassen.
Menschen, die dem Wunder täglich neu die Tür öffneten.
Ehen, die gelungen sind und gelingen.

Wir brechen nicht den Stab
über die Gescheiterten.
Wir freuen uns dankbar mit denen,
denen Gelingen geschenkt war.
Und wir bitten dich
für die Eheleute unter uns:
Sei ihnen täglich nahe
mit deinem Segen.

Ehrlichkeit

Die Ehrlichkeit
nimmt sich eine Auszeit.
Muss sich erholen.
Ist überfordert.

Die Seelen sind wund,
es lügt sich leicht,
Wahrheit tut weh.

Wie ist das möglich,
Gott,
unter uns?

Hier in den Reihen,
Seite an Seite,
sitzen Menschen,
denen es nicht gelingt,
ehrlich zu sein,
die Wahrheit zu sagen,
die Wahrheit zu ertragen.

Bereite du uns den Boden,
auf dem Ehrlichkeit wachsen kann,
ohne Angst,
einfach so,
weil Ehrlichkeit
zum aufrechten Gang gehört,
zum offenen Blick
und zum heilenden
Eingeständnis von Schuld.

Einsamkeit

Gott,
ich bin einsam
mitten in der Gemeinde.

Ich bin ernüchtert
nach vergeblichem Warten,
enttäuscht,
weil meine Freundschaft nicht erwidert wurde,
traurig,
weil ich keinen Weg weiß.

Du weißt,
ich bin angewiesen auf Liebe,
ich brauche Freundschaft.

Nach dem Gottesdienst
gehen wir wieder auseinander,
als sei nichts gewesen.

Ob die anderen nicht spüren,
wie sehr ich sie brauche?

Gott,
ich bin einsam
mitten in der Gemeinde.
Ich bin einsam,
aber nicht vergessen
von dir.

Elend

Ich sehe das Elend.
Menschen wird alles genommen,
was aus Leben erst Leben macht:
Heimat, Liebe, Vertrauen;
das Dach über dem Kopf
und die Freundlichkeit des Nächsten.

Mein Gott,
ich will mich wehren
gegen Tritte und Trott,
will
aufhorchen,
aufbegehren,
aufstehen.

Hilf mir.
Da ist so vieles, das mich hindert:
die schlechten Erfahrungen,
die Jahre meines Lebens,
die Müdigkeit meiner Träume
und die Leere meiner Tage.

Du kennst auch mein Elend.
Sprich du ein Wort,
so wird meine Seele gesund.

Eltern

Du, Gott,
hast uns geboten,
die Eltern zu ehren.

Wir würden gerne
Vater und Mutter ehren.
Wir sind ja meist selbst
Mütter und Väter.

Doch sie werden alt.
Und auch wir werden alt.
Sie werden schwierig.
Wir werden schwierig.
Sie vergessen.
Wir werden vergessen.
Sie kommen nicht mehr zurecht.
Auch wir werden nicht mehr zurechtkommen.

Schenke uns ehrliche Geduld miteinander.
Lass unsere Fürsorge überwintern
im Licht deiner Liebe.
Du Mutter.
Du Vater.
Wir alle
möchten
nicht verwaisen.
Verstehst du?

Engel

Danken will ich dir,
guter Gott,
für diesen Tag, für diese Woche,
für mein Leben.
Nichts versteht sich von selbst.
Dass ich lebe,
dass ich atme,
dass ich hier bin,
dass morgen ein neuer Tag wartet –
nichts versteht sich von selbst.
Du bist der Grund meines Lebens,
du bist der Boden unter meinen Füßen,
der Engel an meiner Seite,
das Ziel meiner Tage.

Treuer Gott,
du mein Engel,
du meine Wüste,
du meine Zukunft.
Schenke auch mir,
wie Elia,
einen Engel,
der mich wegholt
unter meinem Wacholder
und mir sagt:
Du darfst noch weite Wege gehen.

Treuer Gott,
du mein Engel:
Richte mich auf.

(zu 1. Könige 19,1–8)

Entscheidung

Es zerreißt mich, Gott.
Ich bin eher Scherbe als Gefäß,
eher Bruchstück als Ganzes.
Hier und dort zieht einer an mir,
alle wollen etwas,
ich bin durcheinander,
habe kein Lot und keine Mitte,
kann mich nicht entscheiden.
Ich kann es nicht jedem recht machen.

Ich komme in diesen Gottesdienst.
Heile mich.
Ergänze
die verlorenen Stücke.
Schaffe
mich neu nach deinem Bild
und sprich ein Wort,
dann wird meine Seele gesund.

Erbsünde

Gott,
das lastet auf uns,
das drückt nieder
und erstickt jeden zögerlichen Versuch im Keim,
die kleine Welt um uns wirklich zu verändern.

Es heißt,
wir könnten gar nicht das Gute tun,
seien Sünder von Kind an,
seien aus dem Paradies der Unschuld vertrieben,
deiner Liebe nicht wert
und Welten davon entfernt,
dem Bösen zu widerstehen.

Gott,
warum soll da eine so tiefe Kluft bestehen
zwischen dir und uns,
wo doch Jesus Christus
– einer von uns –
wahrer Mensch war
und weggetragen hat,
was uns trennt von dir?

Gott,
wir vertrauen darauf,
dass deine Liebe
uns längst befreit hat
vom Unvermögen.

Wir vertrauen darauf,
dass Frieden möglich ist,
dass Vertrauen sich lohnt
und die Menschheit eine Zukunft hat.

Wir vertrauen darauf,
dass nichts »zum Teufel geht«.
Alles ist und bleibt
in dir geborgen.
Keiner ist verloren.
Niemand ist abgeschrieben.
Nichts ist vertan.
Der Angst ist der Boden entzogen.
So wollen wir leben.

Erde

Die Wege stöhnen
unter unseren Schritten,
die Felder liegen brach,
Flüsse treten über die Ufer,
Meere sind uns feind
und der Wald ist müde geworden.
Wüsten entstehen unter unseren Händen.
Ein Kyrie der verängstigten Erde.

O Lamm Gott, das der Welt Sünde trägt,
erbarme dich über die Erde.
Sie ist heimgesucht von Menschen,
scheint verlassen von Gott.

Und doch: Gott,
was hast du da Schönes geschaffen:
Eine Perle unter den Gestirnen,
von außen gesehen ein blauer Planet,
Heimat unzähliger Lebewesen,
ein leuchtender Edelstein
in den Weiten des Universums,
in dem sich das Leben verliert
wie ein Sandkorn in der Wüste.

Wir danken dir
für Wasser und Luft,
für Nacht und Tag,
für Ruhe und Sturm,
für Saat und Ernte,
für Jahreszeiten und Lebenszeiten,
für Klänge, Geräusche und Stille,
für Zärtlichkeit und Liebe,
für Mitleid und Schonung,
für Träume und Visionen,
für Anfang und Ende,
für Heute und Morgen.

Es ist wunderbar,
auf dieser Erde zu leben.
Es ist kostbar,
deinen Segen zu spüren.
Wir wollen teilen,
was du uns schenkst,
und bewahren,
was du uns anvertraust.

Erlösung

Dein Wort legt festen Boden
unter meine Füße,
verleiht meinen Hoffnungen Flügel,
verjagt meine Ängste,
bietet mir Zuflucht.

Dein Ruf ist Ruf in die Freiheit.
Du hast mich erlöst.

Bedrückt bin ich gekommen.
Nun ist mir gesagt:
Dir ist vergeben.

Jetzt kann ich
Lieder singen,
Segen teilen,
Brücken bauen,
Seile werfen,
Hände reichen,
das Leben feiern.

Erntedank

Gott,
die Fülle kommt aus dir.
Wir danken für die Ernte.
Unsere Gärten und Felder,
die Bäume und Sträucher
haben reichlich Frucht getragen.
Wir haben gesät und gepflegt.
Unsere Arbeit war nicht umsonst.
Dankbar konnten wir ernten.
Nun lass die Schöpfung zur Ruhe kommen.
Nun lass uns selbst zur Ruhe kommen.
Hilf uns, so zu wirtschaften,
dass alle Genüge haben.

Wir danken dir für Essen und Trinken,
für Regen und Sonne,
für Früchte und Pflanzen,
für Blumen und Bäume,
für Brot und Wein,
für die Gaben unserer Hände,
für den Reichtum unserer Vernunft,
für das Gelingen unseres Miteinander.
Wir wollen teilen, was du uns schenkst.
Hilf uns zu einem dankbaren Leben.

Erwählung

Wir haben die Wahl.
Hundertfach, tausendfach
haben wir täglich die Wahl,
das eine zu tun,
das andere zu lassen.

Wir treffen oft
bedacht oder unbedacht
die falsche Wahl.

Du gehst uns nach, Gott,
auf Umwegen und Irrwegen
gehst du uns nach.

Wir sind deine Wahl.
Du gehst uns nach, Gott, und sagst:
Komm, es geht auch anders.

Eucharistie

Gott,
du deckst den Tisch,
du lädst ein.

Du breitest das Geheimnis
deiner Liebe aus
vor aller Welt,
für alle Welt.

Wir haben teil an der Fülle.
Wir spüren in den Händen,
schmecken auf der Zunge
und im Gaumen
deine Nähe.

Gott Vater, du bist da
im Glanz und in der Schlichtheit unserer Feier.
Jesus Christus, du bist da
im Wort und in den Gaben der Schöpfung.
Heiliger Geist, du bist da
in der Gemeinschaft und in der Sehnsucht nach Frieden.

Guter Gott,
wir danken dir.

Evangelium

Gott,
du nimmst mir
das schlechte Gewissen.
Du führst keine Strichlisten.

Du streichst das »Aber«
aus meinen frommen Gedanken.
Heilst mich vom Wahn,
ich müsse die Welt retten.
Du entpflichtest mich,
jedes deiner Gebote zu kennen
und peinlich genau einzuhalten.

Gott,
du hältst es mit den Fehlerhaften,
hast ein Herz für Gescheiterte
und einen Weg für die,
die sich verlaufen haben.

Du stellst mich frei,
absichtslos,
einfach so, aus Liebe.
Ich bin so frei
und nehme an.

Ewigkeit

Eins fließt ins andere,
der Abend in die Nacht,
die Nacht in den Tag –
und alles strömt aus einer Quelle
und mündet in ein Meer.

Eins fließt ins andere,
der Herbst in den Winter,
der Winter in den Frühling –
und alles strömt aus einer Quelle
und mündet in ein Meer.

Eins fließt ins andere,
das Leben in den Tod
und der Tod in das Leben –
und alles strömt aus einer Quelle
und mündet in ein Meer.

Quelle und Meer – beides bist du.
Alles bist du, Gott –
ewig der Eine,
und der Eine in Ewigkeit.

Familie

Da wäre
noch eine Bitte,
Gott,
ich habe sie von einem Kind gehört,
eher ein Nebensatz,
beim Anzünden einer Kerze,
nichts Wesentliches für die anderen.

Vielleicht,
dass du das
noch einmal hörst,
nicht als Nebensatz.

Vielleicht,
dass du das hörst
von uns allen,
diesen Satz eines Kindes,
fünf oder sechs Jahre alt.

Ich habe Angst
um Mama und Papa.
Hat das Kind gesagt.
Und dann hat es
noch leiser
gesagt:
Ich hab' sie lieb.

Ich hab' sie lieb,
hat das Kind gesagt,
fünf oder sechs Jahre alt.

Ich könnte auch bitten:
Gott, schütze unsere Familien.

Ich hab' sie lieb,
hat das Kind gesagt,
fünf oder sechs Jahre alt.

Fantasie

Ist da ein Unterschied
zwischen deinem Geist
und unserer Fantasie,
Gott?

Unserer Fantasie
– sagt man –
seien keine Grenzen gesetzt.

Unser Wissen
reicht Lichtjahre zurück.
Wir können uns Welten denken,
fern von uns,
Jahrhunderte nach uns
oder unerkannt neben uns.

Es ist großartig,
in solchen Weiten zu spielen.
Es ist eine Versuchung,
mit solchen Größen zu rechnen.
Es liegt eine große Verantwortung
auf der Fantasie
des Menschen.

Was ist heilig
an unseren Fantasien,
die keine Grenzen kennen?
Was ist heilig
an unserem Wissen,
an unseren Träumen,
an unseren Gedankenspielen?

Taufe unsere Fantasie,
dann heilt sie
und schlägt
keine neuen Wunden.

Fasten

Mein Gott,
was soll ich noch fasten?
Worauf soll ich noch verzichten?

Sie kriegen den Mund nicht voll genug,
und ich soll den Gürtel enger schnallen.

Sie kehren sich einen Dreck um den Nächsten,
ich aber soll die Fremden nicht ausgrenzen.

Ihnen ist nichts genug,
zu mir sagen sie, ich solle dankbar sein.

Mich packt der heilige Zorn,
wenn ich sie sehe in Talkrunden
und Pressekonferenzen.
Die Börsennachrichten sind mir ein Gräuel,
von den Statistiken wird mir schlecht.

Du weißt
aus eigener Erfahrung,
wie arme Schlucker fühlen.

Mir verschlägt es die Sprache,
wenn sie ein Fasten ausrufen
und sagen, mehr sei jetzt nicht drin.

Sieben Wochen ohne –
das mache ich seit Jahren.
Und keiner,
der mir dafür irgendeinen Ablass gibt.
Den will ich auch nicht.
Nur etwas mehr Gerechtigkeit.
Und ein Fasten,
das heilt.

Fehler

Da ist nichts,
was zu beichten bliebe,
Gott.
Du weißt.

Da ist nichts,
was einer Erklärung bedürfte,
Gott.
Du verstehst.

Da ist nichts,
was zu beschönigen wäre,
Gott.
Du siehst.

Es sei denn,
dass wir
deiner Liebe nicht trauen
und auf unseren Fehlern
bestehen.
Aber auch das
geht auf dein Konto.

Wir leben auf Kredit.
Zwischen
Ehre sei Gott
und
Herr erbarme dich
taumeln wir
wie Käfer im Gegenlicht
und leben.

Feiertag

Die Welt
ist ein Wunder.
Jeder und jede unter uns,
klein, groß,
jung, alt,
krank oder gesund
ist ein Teil des Wunders.

Deine Kirche, Gott,
feiert deine Wunder.
Sie stimmt ein in das Lied der Engel,
fügt sich in die Reihe der Zeugen,
freut sich mit der ganzen Schöpfung
und öffnet sich deinem Glanz
wie die Blumen sich der Sonne öffnen
und die Flüsse ihrer Quelle.

Wir legen die Hände in den Schoß
und staunen.
Wir öffnen unser Herz
und danken.

Dieser Tag
sei ein Fest
und unser Feiern
eine wahre Freude.

Wir halten inne und danken –
der Erde eine Wohltat,
den Menschen ein Segen
und dir, Gott, eine Freude.

Ferien

Manchmal genügt es,
für eine kurze Zeit
den Weg zu verlassen
und zu schauen.

Manchmal genügt es,
die Augen zu schließen,
die Hände ineinanderzulegen
und tief zu atmen.

Es ist nicht immer
das Besondere,
die Hochzeit,
der Höhepunkt.

Es ist deine Gegenwart
in unserem Alltag,
Gott,
die den Tag zum Glänzen bringt,
der Seele Flügel schenkt
und dem Morgen
einen gelungenen Tag.

Du schenkst
den Gekränkten eine Einladung,
den Müden ein Fest
und den Erschöpften eine Quelle.

Wir feiern
das Leben.
Wir sind
so frei.

Finsternis

Du kennst die Finsternis
aus eigener Erfahrung, Gott.
Dunkel ist dir nicht fremd.
Böses ist dir nicht unbekannt,
Entsetzen ist dein täglich Brot.

Um mich legt sich die Nacht,
Mantel um Mantel,
Schale um Schale,
Fessel um Fessel.

Ich komme nicht mehr frei.
Nicht aus eigenen Stücken.
Nicht mit eigenem Willen.
Nicht mit »Hau-ruck«-Reden.
Ihre Pläne fruchten nichts.
Ich kann nicht mehr.
Beim besten Willen nicht.

Ich habe mich verrannt.
Ich sehe nicht mehr.
Ich gebe mich geschlagen.
Da ist kein Strohhalm mehr,
keiner, der sich an meine Wunden traut.
Die guten Worte sind Abgesänge.
Mehr nicht.

Da ist nur einer.
Wenn überhaupt.
Nur einer.
Sollte er wirklich sein,
und nicht nur
meiner verrückten Fantasie entspringen –
Gott:
Da bin ich.
Zwischen den Fronten.
Ein Nichts.
Ein Niemand.

Du
Alles oder Nichts
Gott.

Da war doch einmal:
Der Herr ist mein Hirte.
Amen.

Fragen

Mein Gott,
ein ganzes Bündel Fragen
trage ich mit mir.
Hier im Gottesdienst
finde ich die Stille,
sie dir zu sagen:

Was hast du mit mir vor?
Wie viel Zeit schenkst du mir noch?
Warum musste er sterben?
Wie wird Frieden?
Was ist nach dem Tod?
Meint sie es ehrlich?
Werde ich gesund?
Schafft mein Enkel die Prüfung?
Und was wird aus der Ehe meiner Tochter?
Gehen die Schmerzen eines Tages wieder weg?

Mein Gott,
das sind einfache Fragen.
Jeder von uns stellt auf seine Weise
einfache Fragen
und bittet um eine Antwort.

Du wirst nicht einfach
Ja sagen oder Nein,
hier oder dort.
Aber du kannst mich
sanft an der Hand nehmen,
mich dorthin führen,
wo ich beginne, zu verstehen.
Darum bitte ich dich.

Freiheit

Zerbrich
den Stecken des Treibers,
die Stoppuhr des Kontrolleurs,
das Siegel der Verschwiegenheit.

Zerreiße
das Urteil des Richters,
das Notenbuch des Lehrers,
das Entlassungsschreiben aus dem Personalbüro.

Schmelze
das Eis der Paläste,
den Stahl der Kanonen,
das Erz ihrer Ketten.

Befreie
die Treiber von ihrem Befehl,
die Mächtigen von ihrer Gier,
die Opfer von ihren Angstträumen,
die Planer von ihrem Auftrag
und die Welt von ihrem Elend.

Schenke uns ein Aufatmen,
Gott.

Freude

Ich taumle
wie die Myriaden kleinster Insekten
im Licht der Sonne,
trunken von Wärme,
beseelt von deinem Atem,
Gott.

Ich sehe den Himmel offen.
Ich spüre die Kraft des Adlers.
Ich höre freundliche Worte.
Ich gehe auf neuen Wegen.

Grenzen sind gefallen.
Stürme haben sich verbraucht.
Engel haben die Flügel abgelegt
und bleiben.

Damit hatte keiner gerechnet.
Darauf hätte keiner einen Cent gewettet.
Und doch: Es ist geschehen.
Du hast ein Machtwort gesprochen,
umwerfend in seiner Freundlichkeit,
ohne Wenn und Aber in seiner Klarheit.
Die Angst zittert, der Tod zagt,
die Wüste lebt, das Leben siegt.

Du
hast uns die Ostersonne
gegen die Herbstnebel,
den Weihnachtsstern
gegen die Winterfröste gegeben.

Wir kehren um,
trotzen dem Tod
und freuen uns des Lebens.

Frieden

Da war noch etwas,
Gott,
was wir dir sagen wollten,
beichten als Schuld,
ans Herz legen als Hoffnung.

Da wäre noch eine Rechnung offen,
die wir nicht begleichen können ohne dich,
ein Traum, den man uns ausreden will,
eine Wahrheit gegen alle Wirklichkeit.

Unsere Eltern und deren Eltern
träumten in ihren kühnen Träumen davon.
Millionen Menschen auf dieser Erde haben
zeitlebens nicht erfahren,
wie das ist,
wenn es Frieden gibt.
Wenn die Waffen schweigen.
Wenn einer dem anderen
nicht nach dem Leben trachtet.

Frieden hast du uns versprochen.
Frieden, nicht wie ihn die Welt gibt.
Hilf uns, dies Geschenk zu ergreifen,
dass wir uns nichts vormachen lassen,
dass wir deinen Frieden wollen und sonst keinen.
Sonst machen wir wieder Frieden auf unsere Art.
Und wie das endet, wissen wir.

Da war noch etwas,
Gott,
was wir dir sagen wollten:
Wir kriegen das nicht allein hin,
und deshalb bitten wir dich:

Gib du Frieden.
Der gilt dann auch
ohne Widerrede
und Kleingedrucktes.

Frühling

Das Eis
über den Knospen bricht.
Blüten
drängen neugierig ans Licht.
Die Kälte
hat ein Ende.

Alles bricht auf.
Auch wir brechen auf.
Der Sommer
wird Wunden heilen.

Vieles hat sich
über den Winter gerettet.
Apfel-, Kirsch- und Pfirsichblüte,
die großen Kelche der Magnolien
und die kleinen Gänseblümchen –
alle lagen sie unter Schnee und Eis.

Nun kommen wir zu dir, Gott,
wie die Neugeborenen,
wie die Geretteten,
wie die Erlösten.
Wieder einmal sind wir
über den Winter gekommen.

Und doch:
Wir sind nicht im Paradies aufgewacht.
Noch tragen wir Mäntel
und wärmen die Häuser.
Wir haben nicht alles
hinter uns gelassen.

Wir bleiben Grenzgänger.
Wir ahnen das Neue,
spüren das Gute,
kennen den Einspruch
der Kundigen.
Und doch trauen wir
deinem Wort.
Wir kündigen dem Dunkel
den Vertrag.
Du hältst uns
ins Licht.

Frustration

Mein Gott,
ich komme in diesen Gottesdienst,
weil ich es allein nicht schaffe.
Sonst bräuchte ich dich nicht,
suchte nicht dein Wort,
fügte mich nicht in die Reihe der anderen,
sänge nicht Lieder mit Menschen, die ich nicht kenne,
und Melodien, die mir fremd sind.

Ich komme,
weil meine Hoffnung auf der Strecke geblieben ist,
weil meine Freude versandet
und mein Leben sich Tag für Tag
verbraucht,
ohne Lichtblick,
ohne Weite.

Einiges gelingt ja.
Ich will gar nicht sagen,
alles sei schlecht.
Aber das Wesentliche,
Gott,
das Wesentliche scheitert.
Ich renne gegen Mauern.
Ich laufe auf Sand.
Ich bin frustriert.
Alles Mühen und Arbeiten
ist vergebens.
Ich komme zu spät,
freue mich zu früh,
lasse mich täuschen –
irgendwas mache ich immer falsch.

Mein Gott,
ich komme in diesen Gottesdienst,
weil ich es allein nicht schaffe.
Hilf mir.

Umsonst sei der Tod,
sagt man.
Bei dir
suche ich Leben,
Gott.

Gebet

Lasst uns beten,
so wie Menschen im Alltag beten:

»Lass die Operation gut gelingen.«
»Mach Frieden zwischen Palästina und Israel.«
»Pass auf Papa auf, er muss morgen weit fahren.«
»Gib den Mächtigen die richtigen Entscheidungen.«
»Rette meine Ehe.«
»Mach meine Frau wieder gesund.«
»Lass unser Gemeindefest gelingen.«
»Mach, dass meine Schmerzen weggehen.«
»Gib, dass meine Arbeit gelingt.«
»Bring mich wieder gesund zurück.«
»Lass ihn gesund ankommen.«
»Mach, dass meine Eltern sich nicht mehr streiten.«
»Ich habe mich wieder beworben. Bitte gib mir die Stelle.«
»Gib, dass uns das Gewitter nichts tut.«

Gott, du verstehst uns,
auch wenn wir
mit einfachen Worten beten.

Es reicht, wenn ich sage:
Gott, ich habe Angst.
Du kannst mir die Angst nehmen.

Gott, ich bin glücklich.
Erhalte mir meine Liebe.

Gott, ich bin schuldig geworden.
Ich bereue, was ich getan habe.
Vergib mir meine Schuld.

Gott, du verstehst.
Wir beten auf Augenhöhe.
Du sprichst alle Sprachen
und hörst ohne Filter.
Danke.

Geborgenheit

Die Mutter hat
ein Lied gesungen,
damals,
als wir Kinder waren –
und alles war gut.

Sing uns ein Lied, Gott.
Nimm
unsere erschrockene Seele
in Pflege.
Unserem Glauben schenke Leichtigkeit,
unserer Suche Gemeinschaft.

Die Mutter hat
ein Lied gesungen,
damals.
Nimm uns in den Arm,
Bruder Gott.
Lass das Licht noch ein wenig an,
wenn die Zweifel kommen.

Geburt

Gott,
Schöpfer und Bewahrer!

Ein Wunder liegt in unseren Armen,
schreit und strampelt und lebt –
und manchmal meinen wir,
dies kleine Leben wisse schon von unserer Liebe
und lächele uns an.

Während der Schwangerschaft haben wir gerätselt,
geplant, das Beste gesucht.
Doch dann war uns alles
aus der Hand genommen.
Wunder liegen nicht in unserer Macht.
Wunder schenkst du.

Wir danken dir für dieses Kind,
für jedes neue Leben,
das rund um den Erdkreis jetzt
schreit und strampelt und lebt –
angewiesen auf Liebe,
auf Frieden im Land
und Fürsorge der Erwachsenen.

Du vertraust den Eltern und Paten Wichtiges an:
Leben – klein und schutzbedürftig
und doch kräftig und voller Energie.

Bewahre das Leben der Kinder,
ungeboren und neugeboren.
Bewahre das Leben der Mütter,
in Sorgen, erschöpft,
und in Dankbarkeit und staunend.

Segne alle jungen Familien.
Dir sei Dank.

Geduld

Ich strapaziere deine Geduld,
mein Gott.
Ich sage es unfrisiert:
Dazu bist du auch da.
Wer sonst sollte mich aushalten,
auf Dauer
und bei geringer Aussicht auf Erfolg.

Ich bin fahrig, Gott,
meine Augen sind unruhig,
meine Gedanken sprunghaft,
meine Sinne sind gespannt.

Du gibst
meinen Augen eine klare Ausrichtung,
du schenkst meinen Gedanken Worte,
du gibst der Spannung ein Ziel.
Du sagst auch: Es reicht jetzt.
Lege die Hände in den Schoß
und nimm die Fahrt heraus
aus deinem Leben.

Ich will üben,
geduldig zu sein mit meiner Zeit,
zufrieden mit meinen Gaben,
einverstanden mit meinen Grenzen.

Gott,
sei geduldig mit mir
und hilf mir,
geduldig zu sein
mit den anderen.

Gegenwart

Auf meiner Reise
finde ich Unterschlupf.
Eine Bleibe birgt,
ein Zaun umfriedet,
eine Quelle erfrischt.

Was zählt?
Was schützt mein kleines Leben?

In unsicheren Zeiten
zählt eine Hütte in den Bergen,
eine Liege bei Freunden
und eine Furt durch den reißenden Bach
mehr als eine geträumte Urlaubsinsel.

Auf Dauer
wartet Heimat
jenseits der Zäune,
unter Dächern
aus Zärtlichkeit und Wind,
in deiner Gegenwart,
Gott.

Gehorsam

Herr,
schule mein Gehör,
öffne mir Sinn und Verstand
für dein Wort.

Ich interpretiere.
Ich lege aus.
Ich suche nach Ausflüchten,
ich beschönige,
vertröste auf später
und sage:
Irgendwann
werde ich aufhören,
mich selbst
zu belügen.

Herr,
reinige mein Gewissen,
heilige mich
für dein Wort.

Ich möchte glaubwürdig leben.
Reden und Tun soll eins sein.
Ich will nicht auseinanderbrechen.
Ich möchte eins sein.

Ich möchte
gehorsam
sein können.

Geist

Wir kommen zusammen,
um dir zu dienen,
dein Wort zu hören,
dir Dank zu sagen
in der Gemeinschaft
mit Schwestern und Brüdern.
Zu dir rufen wir:

Komm Gott,
Schöpfer, Heiliger Geist!

Komm in die Geistlosigkeit der Welt,
komm in die Sünde der Welt,
komm in das Unrecht der Welt.
Zu dir rufen wir:

Komm Gott,
Schöpfer, Heiliger Geist!

Komm in den Hunger der Welt,
komm in das Elend der Welt,
komm in den Unfrieden der Welt.
Zu dir rufen wir:

Komm Gott,
Schöpfer, Heiliger Geist!

Komm in unsere Herzensmüdigkeit,
komm in unsere Seelenangst,
komm in unsere Glaubensarmut.
Zu dir rufen wir:

Komm Gott,
Schöpfer, Heiliger Geist!

Komm in unser Wollen und Tun,
komm in unser Lassen und Dulden,
komm in unser Gebet.
Zu dir rufen wir:

Komm Gott,
Schöpfer, Heiliger Geist!

Geiz

Unser Gott,
sie preisen den Geiz.
Wir regen uns auf
und lassen uns doch verführen.

Unser Gott,
sie schüren den Neid.
Wir missbilligen das
und sind doch nicht frei davon.

Unser Gott,
sie verkaufen unter Wert.
Wir wissen das,
und doch lassen wir uns verleiten.

Wir sind nicht frei
von Geiz und Neid.
Wir sind nicht
wunschlos glücklich.

Verleihe uns
Festigkeit und Maß,
Selbstbeherrschung und Demut.

Gib unserem Gebet
Hand und Fuß.

Gelassenheit

In der Aufgeregtheit
der Nachrichten und Sondersendungen
lass uns gelassen bleiben:
Dein Wille geschehe, Gott.

In der Sorge um unsere Gesundheit,
in der Angst vor schwerer Krankheit
lass uns gelassen bleiben:
Dein Wille geschehe, Gott.

In der Not der Hilflosigkeit,
in der Schwäche unserer Worte und Taten
lass uns gelassen bleiben:
Dein Wille geschehe, Gott.

In Zeiten des Zweifels
und in Stunden der Anfechtung
lass uns gelassen bleiben:
Dein Wille geschehe, Gott.

Du bist Gott.
Kein Leben ist vertan.
Kein Mensch ist verloren.

Voll Vertrauen bitten wir dich:
Schenke uns den Mut zur Gelassenheit,
dass wir getrost glauben
und beherzt handeln.

Gemeinschaft

Herr, unser Gott:
Bitten wollen wir dich
für deine Gemeinde
an Wegkreuzungen und in Zerreißproben,
in politischen Auseinandersetzungen
und im weltweiten ökumenischen Miteinander.

Unsere Gemeinschaft ist belastet,
Bruder und Schwester feinden uns an,
sprechen uns den Glauben ab
oder die rechte Lehre.

Sie sagen, wir seien eigentlich
nicht richtig Kirche.
Ob es das wirklich gibt,
die »richtige« Kirche?

Ob da nicht die Geduld eines Menschen,
der einen Kranken besucht,
mehr zählt
als ein bestandenes Examen?

Ob da nicht die Zärtlichkeit
eines Liebenden
wichtiger ist
als die Weihe eines Würdenträgers?

Und ob da nicht ein ehrliches Wort
mehr wiegt
als das fehlerfreie Gebet?

Unsere Gemeinschaft
ist durcheinander.
Einer zweifelt am anderen.
Und viele zweifeln an dir.

Du bist die Mitte deiner Kirche.
Herr, dein Reich komme!

Genügsamkeit

Lass uns den Ort finden,
an dem du uns brauchst, Gott.
Gib uns Aufgaben,
die wir bewältigen können.

Wir wollen nicht hoch hinaus.
Dort könnten wir uns verlieren.
Wir brauchen Boden unter den Füßen,
Menschen, die unsere Gaben schätzen,
Orte, die uns nicht fremd sind.

Geh mit uns
auf Entdeckungsreise.
Dass wir erkennen,
wo du uns brauchst.
Dass wir spüren,
welche Gaben du uns gibst.

Dass wir erkennen,
wie du uns gedacht hast,
wer wir sein könnten
und was der Sinn ist
unseres Lebens.

Uns in deinen Willen fügen,
deinem Maß trauen,
eins werden mit dir
und uns bescheiden
mit dem,
was du uns zutraust –
Gott,
das würde genügen
zum Leben.

Das wäre
in aller Genügsamkeit
die Fülle,
nach der wir uns sehnen.

Gerechtigkeit

Wie die Berge
stünde deine Gerechtigkeit, Gott,
singen die Psalmen.

Den Armen spricht das Hohn,
die Elenden halten sich die Ohren zu,
den Konkursopfern verschlägt es die Sprache.

Du kennst doch deine Welt, Gott.
Du kennst doch die Menschen.
Du klagst doch selbst immer wieder Gerechtigkeit ein.
Du bist doch nicht weltfremd.
Du bist uns doch in deinem Sohn hautnah,
geschundener Bruder,
Opfer eines Unrechtssystems,
verraten und verkauft –
mitten unter uns!

Die Armen sehnen sich nach Hilfe.
Die Elenden liegen dir in den Ohren.
Die Konkursopfer klagen ihr Leid.

Richte du auf,
was uns nicht gelingt:
eine Gerechtigkeit, die gilt,
einen Frieden, der währt,
und einen Berg,
der bleibt.

Gericht

Ja, Gott,
da war nicht nur Gutes
in meinem Leben.
Für manches habe ich gebüßt,
anderes blieb verborgen.
Da war auch Gutes.
Manches führte weiter,
manches brachte mir Dankbarkeit,
anderes hat sich verlaufen,
hat nicht gefruchtet
und war im Nachhinein vielleicht vergebens.

Soll ich nun zerknirscht nach all dem suchen,
was misslungen, falsch und schuldbeladen war?
Ich könnte tage- und nächtelang erzählen.
Ob diese Bilanz dich interessiert, Gott?
Was habe ich denn ernsthaft zu »bieten«
vor deinem Richterstuhl?
Dein Sohn wird für mich sprechen.

Und wenn ich etwas sagen kann,
dann vielleicht dies:
Meine Eltern haben mich zur Taufe gebracht.
Ich habe nichts dazu beigetragen.
Ich habe geschrien, gestrampelt und gemeutert.
So, lieber Gott, war das ein Leben lang.
Ich habe geschrien, gestrampelt und gemeutert.
Und doch hat mich unser Pfarrer getauft.
In deinem Namen.
Mehr habe ich nicht vorzubringen.

Gebote

Deine Gebote,
Gott,
führen uns vor Augen,
wie brüchig unsere Versprechen sind,
wie haltlos unsere Vorsätze,
wie notwendig Vergebung und Nachsicht.

Weite unser Herz,
schärfe unseren Blick,
öffne unsere Ohren
für deine Gebote,
dass wir sie lieben lernen
als Wegweiser
zur Freiheit
der Kinder Gottes.

Gewaltlosigkeit

Mein Gott,
ich habe Gewaltfantasien.
Möchte gerne,
dass du
die Gewalttätigen vom Thron stößt,
den Kriegstreibern das Handwerk legst,
die Mörder beseitigst
und ihre Handlanger aus dem Verkehr ziehst.
Mein Gott.

Ich bin nicht so demütig wie Gandhi.
Ich bin nicht so tapfer wie Martin Luther King.
Ich bin nicht so bescheiden wie Mutter Teresa
und nicht so gläubig wie Bonhoeffer.
Nur zornig
über die Gier und die Lüge
und über dich,
weil du nicht
dazwischenfährst.
Mein Gott.

Ich schlage nicht zu.
Ich lege kein Feuer.
Ich trete niemanden.
Aber
ich denke Gewalt.

Mein Gott,
das wollte ich dir sagen,
in der Stille beichten,
mitten unter den anderen.
Ich weiß nicht, wie sie denken.
Aber wahrscheinlich
bin ich nicht allein.
Ich rede Gewaltlosigkeit
und denke Gewalt.

Nimm die Gewalt
aus meinem Sinn,
mein Gott.

Gewissen

Manchmal erschrecke ich,
es reicht ein Satz,
ein Wort,
und mir fährt es in den Magen.
Meine unerledigten Geschäfte,
meine kleinen und großen Lügen,
meine mühsam verborgene Angst –
mein schlechtes Gewissen –
haben mich eingeholt.

Hier im Gottesdienst
höre ich,
dass ich zu dir, Gott,
kommen kann,
mit all meinen Widersprüchen,
all meinen Wunden
und Schulden.

Ach, dass mich diese gute Nachricht
doch dort in der Tiefe erreichen möge,
dort, wo es am meisten wehtut,
wenn ich über mich selbst
erschrecke.

Glanz

Manchmal,
nicht immer,
erstrahlt die Welt
in heiligem Glanz,
legt sich ein Strahlen
auf die Gesichter,
steckt Heiterkeit an
und geht Schönheit
unter die Haut.

Dann geht die Sonne auf,
unsere Gaben erblühen zum Leben,
Farbe kommt in unsere Gottesdienste.
Keiner geht mit leerem Herzen,
niemand widerspricht dem Segen.

Auch wenn es nur Momente sind,
wir halten unsere Seele in die Sonne
und schöpfen Kraft für dunkle Tage
aus einem Augenblick Ewigkeit.

Glaube

Unser Glaube
steht auf dem Papier.
Unser Vertrauen
ist mehrfach abgesichert.
Wir stürzen nicht tief,
wenn wir fallen.
Wir erwarten wenig.
Uns haut nichts um.
Gnade uns
Gott.

Gleichgültigkeit

Das ist
unsere häufigste Sünde,
Gott.
Das,
was uns von dir
und unseren Nächsten trennt:
Gleichgültigkeit.

Wir sind Passanten.
Wir sind Zuschauer.
Wir beteiligen uns nicht,
wir halten uns heraus,
wir fühlen uns nicht verpflichtet,
wir bleiben nichts schuldig,
wir haben nichts übrig.

Herzenskälte
nannten es die Alten.
Gleichgültigkeit
sagt man heute.

Unsere erste Sünde.
Unsere mächtigste Schuld.

Du bist beteiligt.
Du bist gefordert.
Herr,
erbarme dich.

Glück

Lass mich
noch einmal
tief einatmen Lavendelblau, Kiefergrün,
tagmüde Gräser.

Lass mich
noch einmal
der Milchstraße folgen, nach Süden
staunen.

Lass mich
noch einmal
die Liebe mit Händen greifen.

Ich bin glücklich,
Gott.

Andere
neben mir
haben schlechte Erfahrungen gemacht.
Ihnen ist zum Weinen.
Sie bringen Fragen mit.
Ich trage Glück
im Rucksack
der vergangenen Woche.

Nun nimm,
was wir mitgebracht haben,
Glück und Leid,
Freude und Kummer,
an dein Herz,
Gott.
Dann heilen beide,
Glück und Trauer.
Und aus beidem
wächst ein Lob
aus deinem Himmel
und nährt
die Hoffnung
aller.

Gnade

Deine Gnade,
barmherziger Gott,
ist der Boden, auf dem wir gehen,
der Wind in unserem Rücken,
die Brücke über jeden Abgrund,
das Licht in unserem Dunkel,
die Herberge, in der wir willkommen sind,
unsere Herkunft
und unsere Zukunft.

Nimmst du deine Gnade weg,
dann vergehen wir.
Barmherziger Gott,
Herr Jesus Christus,
bleibe uns gnädig.

Gott

Gott,
du bist meines Herzens Frieden,
meiner Hände Halt,
meiner Füße Weg,
meines Lebens Grund,
Quelle und Ziel.

Mehr weiß ich nicht
zu sagen.
Anderes muss ich nicht
wissen.

Wichtig ist:
Ich habe dich nicht erfunden.
Du wirst mich überleben.
Du weißt, wo du mich findest.
Glaube ich.

Gottesdienst

Gott,
aus der Einsamkeit kommen wir
und suchen Gemeinschaft.
Aus dem Lärm kommen wir
und suchen die Stille.
Aus der Flut der Bilder kommen wir
und suchen Orientierung.
Aus der Welt der Halbwahrheiten,
Notlügen und Ausflüchte kommen wir
und suchen Ehrlichkeit und Wahrheit.
Aus den Aufgeregtheiten der Woche kommen wir
und suchen Ruhe.

Du bist Gott,
uns zugute.
Du dienst uns.
Wir feiern deine Schöpfung.
Wir feiern die Auferstehung Jesu.
Wir feiern die Gemeinschaft der Heiligen.
Segne diesen Gottesdienst.

Güte

Die Schöpfung offenbart
deine Güte, Gott,
im Wachsen und Werden,
in der Vielfalt der Klänge und Farben,
in den kleinsten Zellen und weitesten Himmeln.

Die Psalmen erzählen
von deiner Güte, Gott,
von Haus zu Haus,
von Nation zu Nation,
von Kontinent zu Kontinent.

Die Engel singen
von deiner Güte, Gott,
vom Frieden auf Erden,
von der Wiederkehr des Glanzes,
von den Wundern des Höchsten.

Wir stimmen ein in das Lob der Schöpfung,
in die Ehrfurcht der Psalmen
und in das Lied der Engel:
Ehre sei Gott,
der seine Güte verschenkt
an alle Welt
von Ewigkeit zu Ewigkeit.

Habsucht

Gott,
wir klagen dir
die Gier und die Habsucht
unter uns.
Auch wir sind davon
nicht frei.
Auch wir
lassen uns verführen
und blenden.

Gott,
wie bitten dich
für die Opfer der Gier
und die Betrogenen der Habsucht:
für Arbeitslose und Kurzarbeiter,
für tief Verschuldete und Ausgemusterte,
für all die Süchtigen in ihrer inneren Leere.

Greife ein in die Spirale der Habgier,
setze dem Rausch des Habens
einen Riegel vor.
Gib uns allen
einen neuen Geist,
richte uns neu aus,
dass wir uns bescheiden mit dem,
was uns und unseren Nächsten dient.

Halt

Mein Gott,
ich habe den Halt verloren.
So komme ich
in den Gottesdienst.

Ich bin durcheinander.
Ich mache zu viele Fehler.
Ich weiß nicht mehr, was richtig ist.
Ich komme mit meinem Leben nicht klar.

Ich habe Angst, mich zu verlieren.
Ich habe Angst, mich zu öffnen.
Ich habe Angst vor den Folgen.
Ich habe Angst vor der Wahrheit.

Du mein Gott,
ich habe den Halt verloren.
Ich werfe mein Leben nicht weg.
Ich bitte dich,
ich bedränge dich,
ich flehe dich an:
Sei du mein Halt.

Du hast mich
in meiner Taufe angenommen.
Nun halte mich fest.
Zeige mir einen Weg,
dem ich gewachsen bin.

Hartherzigkeit

Unser Gott,
wir klagen dir die Hartherzigkeit.

Viele geben sich die Mühe,
zu helfen, wo Not ist.
Doch mit der Not
wächst nicht die Hilfsbereitschaft,
es wächst die Angst,
selbst in Not zu geraten.
Jeder ist sich selbst der Nächste.
Hartherzigkeit lähmt unser Land.

Du, Gott,
der du die Steine zum Weinen
und die stärksten Mauern zum Einsturz bringst:
Schmelze das Eis,
erweiche die Herzen,
durchbrich die Mauern
der Hartherzigen
mit den Strahlen
deiner Liebe.

Vielleicht,
dass wir Hartherzigen
die Angst verlieren,
wenn wir Liebe spüren
Herz an Herz.

Hass

Gott,
ich erschrecke über mich selbst.
Ich habe hässliche Gedanken.
Ich wünsche dem einen Tod
und dem anderen Misslingen.

Gott,
ich entdecke mich dabei,
dass ich hasse.
Dass ich nicht verzeihen will
und mich durch nichts abbringen lasse
von meinen bösen Gedanken.

Gott,
zu dir fliehe ich vor mir selbst.
Schütze Leben!
Ich bin in den Gottesdienst gekommen
mit dunklen Gedanken,
mit Hass im Herzen
und mit böser Absicht.

Kehre mich um.
Schütze die vor mir,
die ich hasse.
Und lass mein Herz
Ruhe finden.

Auch wenn ich noch nicht
heilen kann,
so hilf mir doch,
nicht zu schaden.

Auch wenn ich noch nicht
vergeben kann,
so hilf mir doch,
nicht noch mehr Unheil zu stiften.

Auch wenn ich nicht
lieben kann,
du liebst mich –
und du liebst den,
dem ich so feind bin.

Hast

Gott,
ich jage von Termin zu Termin,
ich hetze von Pflicht zu Pflicht,
ich komme nicht zur Ruhe
die ganze Woche über.

Selbst jetzt
im Gottesdienst
springen meine Gedanken,
bin ich nicht recht bei der Sache.

Ich weiß,
das bin ich selbst,
das sind nicht die anderen,
ich habe diesen Wochen- und Monatsblick.

Mir fehlt die Ruhe
für einen gelassenen Augenblick,
für ein getrostes Kyrie
und ein echtes Amen.

Nimm die Hast aus meinen Gedanken,
nimm den Druck von meiner Seele,
ich möchte frei sein für dich,
für dein Wort,
für die Gemeinschaft,
für die Stille.

Ich bin gekommen.
Räume du nun alles Trennende weg
und komme zu mir.

Heilig

Heiliger Gott,
heiliger allmächtiger Gott,
heiliger ewiger Gott:

Dir ist nicht heilig,
was uns heilig ist.
Du durchschaust
unsere Makellosigkeit.
Du hast keine Freude
an unserem Eifer.
Deine Liebe
findet keine Resonanz
in unserem Leben.

Wir waschen die Hände, das Gesicht –
reinige du unsere Seele.
Wir beichten dir unsere Vergangenheit –
durchleuchte unsere Zukunft,
entlaste unsere Gegenwart.

Wir falten die Hände,
öffne sie.
Wir schließen die Augen,
öffne sie.
Wir konzentrieren unsere Sinne,
öffne sie.

Heiliger Gott,
heiliger allmächtiger Gott,
heiliger ewiger Gott.

Heilung

Guter Gott,
ich bin geheilt.
Ich bin gerettet.
Ich darf leben.
Mein Herz ist übervoll.
Ich könnte weinen vor Glück.
Ich könnte alle hier umarmen.
Es wissen ja nur wenige von meinem Glück.

Ich komme zu dir,
um in der Gemeinschaft der anderen
dir zu danken.
Heute endlich kann ich
frohen Herzens singen,
frohen Herzens hören
und ohne Angst beten.

Ich bitte dich
für die anderen,
die ihre Angst mitbringen,
so wie ich mein Glück mitbringe,
die an ihrer Krankheit leiden,
so wie ich mich an meiner Genesung freue.

Sei mit deinem heilenden Segen
bei uns allen.

Heimat

Wenn unser Leben gelingt,
reihen wir uns ein
wie die Zugvögel im Herbst
Richtung Wärme.
Wir folgen Wegen,
die lange vor uns
andere gegangen sind.
Sie bleiben uns ein Geheimnis
und führen dennoch ans Ziel.
Du hältst die Wege offen, Gott.
Du baust uns Brücken.
Du selbst bist der Weg.

Du warst am Anfang,
du warst vor allem Anfang,
du bist der Anfang.
Und so bist du auch
nicht nur am Ende,
du bist auch das Ende, Gott.

Eines Tages kommen wir an.
Entdecken staunend,
wie sich das Ganze
zu Einem fügt.
Du nimmst sanft
die Pläne
aus unseren Händen.
Alles ist gut.

Herbst

Gott,
ich schwinge
zwischen Trauer und Glück.
Du malst Felder und Wälder
mit den großzügigsten Farben.
Schöner, wärmer
als die Farben des Frühlings.

Doch wie ist alles
so zerbrechlich,
so – nur auf Zeit haltbar,
so – sichtbar vergänglich!

Ist vertan, was fällt?
War unnütz, was nun
abgeschnitten und gebündelt darauf wartet,
abgeholt zu werden?

War das übermütige Spiel
der Schwalben unnütz?
Ist vertan,
was auf den Spielplätzen
und in den Sandkästen
jede Grenze nichtig gemacht hat?

Die Liebenden hatten sich vergessen,
wie die spielenden Kinder
und die kindischen Spieler.

Darf ich ungestraft
den Traum weiterträumen
bis zum guten Ende?

Du sagst Ja.
Du sagst Ja zu zerbrechlichen Träumen,
zu meinem brüchigen Glauben und
zu meinen widerborstigen Plänen.

Nichts ist vertan.
Ich bin es, der es lebte.
Nichts ist vertan.
Du warst es, der es schenkte.
Ich mache mich heiter
auf den Heimweg.
Wir sehen uns
dann.

Himmel

Manchmal sehnen wir uns danach,
dass der Himmel zerreißt,
dass das Unendliche endlich greifbar wird,
dass unwiderruflich Klarheit herrscht.

Dann wieder haben wir Angst,
dass der Himmel zerreißt,
dass wir im Boden versinken,
verbrennen, vergehen im Nichts.

Manchmal staunen wir über den großen Gott,
wenn sie den Himmel einen Spalt öffnen,
Sendungen über den Kosmos, Bilder vom All,
Neutronensterne, Galaxien, schwarze Löcher,
Spiralnebel.

Manchmal erschrecken wir,
sehnen uns nach einem Himmel,
der alles wieder zudeckt,
was in uns aufgerissen ist.

Mach doch den Himmel wieder zu, Gott.
Offener Himmel ängstigt.
Wenn du so groß bist,
können wir dich nicht mehr greifen, Gott.
Du bist so weit weg.
Mach den Himmel zu.
Schließ ab.
Mach dicht.
Und komm. Komm selbst.
Lass den Himmel Himmel sein
und komm wie ein Mensch!

Himmelfahrt

Segne uns, Herr,
diesen Tag.
Wir feiern Gottesdienst
mitten im Grünen,
auf ebener Erde.
Wir spüren die Kraft der Schöpfung,
das Spiel der Jahreszeiten,
die Wucht deines Wortes,
die Zärtlichkeit deiner Liebe,
die Schönheit der Farben,
den Aufbruch des Lebens.

Segne uns, Herr,
diesen Tag.
Wieder feiern wir deine Auferstehung,
feiern den Sieg des Lebens über jeden Tod,
feiern den Sieg des Lichtes über alle Finsternis,
feiern den Sieg der Liebe über die Gleichgültigkeit.

Segne uns, Herr,
diesen Tag.
Deine Himmelfahrt mag uns fremd sein.
Wir lieben die Erde,
das junge Leben,
den Duft des Bodens
und die Fülle der Farben.

Segne uns, Herr,
diesen Tag.
Er erinnert an Heimat,
er erzählt von Heimkehr aus der Fremde,
er besingt den Tropfen, rühmt den Strom
und staunt über das Meer.
Deine Nähe ist ihm genug.

Segne uns, Herr,
diesen Tag.
Himmel und Erde sind dir keine Grenzen.
Himmelfahrt ist deine Liebe zur Erde.
Erde und Himmel
sind Orte von gestern.
Morgen sind wir
eins
in dir.

Hirte

Wir sind
keine Herdenmenschen,
Gott, du unser Hirte.

Wir haben gelernt,
für uns selbst zu sorgen,
Gott, du unser Helfer.

Wir misstrauen den Wegweisern,
zu viele Umleitungen,
zu viele Staus,
zu viele schlechte Erfahrungen.

Wir haben uns oft verfahren,
zu viele eigene Pläne,
zu viele selbst gemachte Fallen,
zu viel Misstrauen.

Wir sind blockiert
von den eigenen Sorgen.
Gott, du unser Helfer.

Führe uns heraus
aus Schranken und Zäunen,
Gott, du unser Hirte.

Hoffnung

Gott,
du unserer Hoffnung Hoffnung,
worauf sollen wir bauen,
wenn nicht auf den Grund,
den du legst
in Jesus Christus.

Wir danken dir,
dass unsere Hoffnung
immer wieder neu Nahrung erhält
durch das Miteinander in der Gemeinde,
durch Feier und Stille,
durch Liebe und Dienst,
durch neue Ideen und gereifte Erfahrung,
durch Gebet und Hingabe.

So reicht unsere Hoffnung
weit über den Glauben des Einzelnen hinaus.
So kennt unsere Hoffnung
keine Grenzen und Mauern.
So wird einer zur Stütze des anderen.

Gott,
du unserer Hoffnung Hoffnung,
stärke unsere Gemeinschaft.

Hölle

Hilf mir Gott hoch in der Hölle
bei den Menschen tief im Himmel.
(Julij Daniel)

Alles kommt durcheinander
bei dir, Gott.
Da ist nicht die Ordnung,
die wir kennen.
Da ist nicht das Schema,
das uns passt.
Erste werden zu Letzten,
Kinder stellst du als Vorbild in die Mitte,
Oben und Unten verlieren ihre klaren Konturen –
alles kommt durcheinander.

Ist die Hölle nun der Ort,
an den du verdammst?
Ist die Hölle der Ort,
aus dem du befreist?
Oder ist die Hölle gar der Ort,
an dem dein Sohn Jesus Christus wartet,
auf uns,
bei den Toten,
um uns mitzunehmen
in sein Reich der Himmel?

Hölle heißt verloren sein.
Doch du, Gott,
hast uns,
nach allem, was wir wissen
und glauben,
nicht verloren gegeben.
Keinen von uns.

Da tun sich Tiefen auf,
die uns schrecken.
Da tut sich der Himmel auf
mitten in der Hölle.
Dein Himmel, Gott.
Allen?
Allen.
Alles kommt durcheinander
bei dir, Gott.
Alles kommt ins Lot
bei dir, Gott.

Hunger

Gott,
du Gerechter und Barmherziger,
der Hunger in der Welt schreit zum Himmel,
ein Schrei nach Gerechtigkeit,
ein Schrei nach Hilfe,
ein Schrei nach dir.

Millionen Menschen verhungern
vor laufender Kamera
und offenen Mikrofonen,
in Sichtweite,
mitten unter uns
und doch so weit weg,
dass es uns nicht wirklich berührt,
denn auch wir sind hungrig.

Uns plagt ein anderer Hunger,
der Hunger nach Anerkennung,
der Hunger nach Sicherheit,
der Hunger nach der schnellen Befriedigung.
Millionen Menschen verkümmert die Seele
mitten im Wohlstand und in sicheren Grenzen.

Wir klagen dir den Hunger
der einen wie der anderen.
Bring uns zurecht,
du unser aller Hilfe.

Integration

Dankbar für freie Zeit,
Erholung und Urlaub
besuchen wir
andere Länder
und bleiben Fremde.

Dankbar für Arbeit,
Freiheit und Obdach
kommen Fremde
in unser Land
und bleiben Besucher.

Hilf uns,
dass aus Fremden Freunde,
aus Besuchern Hausgenossen,
aus Flüchtlingen Gerettete,
aus »ohne«-Menschen Mitmenschen
und aus Geduldeten Geliebte werden.

Dein Haus ist nicht Heimat auf Zeit.
Dein Haus hat keine Grenzen.
Das Hausrecht ist uns vererbt,
wir sind eine Erbengemeinschaft.
Keiner ist Alleinerbe.

Christus
ist unser aller Bruder.
Und du
bist unser aller Vater.

Israel

Ewiger Gott,
du stellst uns Israel vor Augen,
das Volk deines Bundes,
das Volk deiner Erwählung.

Lass uns
mit Israel der Knechtschaft
den Rücken kehren
und der Freiheit dienen.

Lass uns
mit Israel deine Weisung hören,
nach deinem Wort leben,
deine Gebote ernst nehmen.

Lass uns
mit Israel Vergebung suchen bei dir,
auf deine Gnade hoffen,
deiner Liebe all unser Vertrauen schenken.

Lass uns
mit Israel die Sehnsucht wachhalten
nach einer Welt, in der Frieden und
Gerechtigkeit sich küssen,
nach einer Zeit, der jedes Elend fremd ist.

Ewiger Gott,
du stellst uns Israel vor Augen,
das Volk deiner Erwählung,
unsere älteren Schwestern und Brüder.

Lege deinen Segen
auf unser geschwisterliches Miteinander.

Jünger

Herr Jesus Christus,
sie sind deine Jüngerinnen und Jünger,
uns vertraut seit der Kindheit.
Sie erzählen in alten Worten
unsere Geschichte:

Petrus, der Hitzkopf,
Maria aus Magdala, die Mutige,
Judas, der Verräter,
Thomas, der Zweifler,
Maria und Martha,
die so verschiedenen Schwestern.

Sie alle finden sich auch
unter uns:
Zweifler, Müde, Vorschnelle,
Neunmalkluge, Weitsichtige, Ängstliche,
Stille und Laute,
Starke und Schwache.

Herr Jesus Christus,
wir reihen uns ein
in die endlose Reihe
deiner Jüngerinnen und Jünger,
als deine Gemeinde hier am Ort,
mit den uns gegebenen Gaben,
mit dem uns anvertrauten Wort.
Wir bitten dich
immer wieder neu um deinen Geist,
der den Glauben in uns und unter uns
lebendig hält
von Generation zu Generation.

Jugend

Sie sind jung, Gott.
Wir waren auch
einmal jung.
Es ist schön, jung zu sein.
Alles ist offen.
Alles scheint spannend.
Vieles ist möglich.
Fehler werden verziehen.
Guter Rat ist noch nicht teuer.
Die Welt schmeckt nach mehr.

Du liebst die Kinder.
Du hast sie ins Leben gerufen.
Du hast sie eingeladen zu diesem Abenteuer.
Nun hilf, dass sie sich nicht verlieren.
Hilf, dass sie nicht verbogen werden.
Hilf, dass sie nicht missbraucht werden.
Hilf, dass sie nicht den Mut verlieren.
Hilf, dass sie sich wehren.
Hilf, dass sie Fragen stellen.
Hilf, dass sie Vertrauen bewahren.
Hilf, dass sie ihre eigenen Wege gehen.
Hilf, dass ihr Leben gelingt.
Hilf, dass sie den Glauben nicht verlieren.
Hilf, dass sie lieben und geliebt werden.
Hilf, dass sie einst ankommen.

Sie sind jung, Gott.
Wir waren auch
einmal jung.
Es ist schön, jung zu sein.
Danke für die Jungen
unter uns.
Es ist schön,
dass es sie gibt.

Kinder

Sie werden
eines Tages
ohne uns
zurechtkommen müssen.
Sei du ihr Engel, Gott.

Sie werden
eines Tages
ohne uns
teilen lernen.
Sei du ihr Maß, Gott.

Sie werden
eines Tages
ohne uns
Krankheit und Not spüren,
sie du ihr Heiland, Gott.

Sie werden
eines Tages
ohne uns
lieben und vertrauen,
sei du ihr Anker, Gott.

Sie werden
eines Tages
ohne uns
schuldig werden und auf Vergebung hoffen.
Vergib ihnen, du barmherziger Gott.

Sie werden
eines Tages
ohne uns
vor dir stehen.
Lass sie Erleuchtung finden
und den Frieden,
der bleibt.

Segne
unsere Kinder.

Kirche

Ewiger Gott,
ich bin den Weg hierher gegangen.
Nun habe ich meinen Platz gefunden
hier in der Kirche.
Viele waren vor mir.
Haben auf dem Platz gesessen,
auf dem ich sitze.
Dieser Stuhl, diese Bank
war eine Station ihres Weges.
Andere werden nach mir kommen.
Wir kommen und gehen.
Du bleibst von Ewigkeit zu Ewigkeit.

Du, treuer Gott,
segnest Ausgang und Eingang,
Kommen und Gehen.
Du Menschenfreund
gehst unsere Wege mit
und begleitest die Umwege.
Du unser Herbergsvater
legst uns deine Kirche ans Herz,
ihre Enge und Weite,
ihren Streit und ihr Bekenntnis.

Du, Ewiger,
schenkst uns in unserer Zeit
Sakrament und Wort.
Gabe und Frage.
Doch allem schenkst du Bleibe
in deinem
mütterlichen Segen.

Klage

Gott,
lehre uns klagen.

Dass wir nicht jammern
und uns selbst bemitleiden;
dass wir uns nicht beschweren
und mit dem Finger zeigen;
dass wir nicht lamentieren
und die Not breittreten.

Gott,
lehre uns klagen.

Über jeder Hölle
weitet sich ein Spalt Himmel.
Über jeder Not
steht leuchtend dein Kreuz.
Jede Klage
hat ihren Grund.

Gott,
lehre uns klagen.

Du bist der Grund unserer Hoffnung.
Du bist der Grund unserer Klage.
Bring uns zum Schweigen,
dass wir einstimmen in deine Klage.

Kommunion

Was können wir teilen,
Gott,
das nicht von dir ist?
Was könnten wir spenden,
Christus,
was du uns nicht gibst?
Wie könnten wir feiern,
Heiliger Geist,
ohne die Mitte, die du schenkst?

Du lädst ein,
wir werden ein Kreis.
Du gibst,
wir teilen aus.
Du segnest,
wir sind gesandt ins Leben.

Es mögen wenige sein oder viele,
Alte oder Junge,
Glaubende oder Suchende,
Fremde oder Vertraute –
du bist mitten unter uns,
Gott Schöpfer,
Jesus Christus,
Heiliger Geist.

Wir teilen deine Liebe.
Wir geben dein Erbarmen weiter.
Wir feiern deine Gegenwart.
Dank sei dir.

Kraft

Du spürst, Gott,
ich werde schwächer.
Meine Kraft schwindet.
Meine Konzentration lässt nach.
Ich spüre die Schwäche am eigenen Leib.

Nun komme ich zu dir, Gott.
Hier ist dein Ort, deine Kirche,
dein Gottesdienst.

Ich bitte um neue Kraft,
um Geduld mit der eigenen Schwäche,
um Menschen, die mit mir auskommen,
um Freundlichkeit, die nicht berechnet.

Ich werde schwächer.
Ich werde älter.
Ich kann manches nicht mehr.
Ich stehe manchmal im Weg.
Manchen bin ich eine Last,
anderen ein Hindernis.

Du aber lässt die Gebeugten hochleben.
Du feierst die Schwachen
und gibst Halt den Strauchelnden.

Meine Kraft ist weg.
Du bist da.
Du, meine Kraft.
Und morgen
werde ich leben.
Dank deiner Kraft.
Denn du bist
in den Schwachen
mächtig.

Krankheit

Barmherziger Gott,
Menschen aus unserer Gemeinde
sind krank.

Vergebens haben sie auf Heilung gehofft.
Sie fragen: Warum gerade ich?
Was habe ich falsch gemacht?
Sie fragen: Was hast du mit mir vor, Gott?
In ihrer Not greifen sie nach jedem Strohhalm
und zweifeln doch an jeder Therapie.

Komm du ihnen entgegen
als ihr Heiland.
Begleite sie, guter Gott,
dass sie Hilfe und Antwort finden.

Und aus uns mache
taugliche Wegbegleiter,
einfühlsame Ratgeber,
geduldige Angehörige.

Unsere Kranken legen wir dir ans Herz,
und mit ihnen auch uns selbst.

Kreuz

Es ist ein Kreuz,
Jesus,
mit deinem Tod.

Es ist ein Elend,
Gott,
mit unserem Leben.

Wie kannst du nur
so elend enden
wie unsereins?

Unsereins
endet nicht am Kreuz,
eher im Bett
und an Maschinen.

Unsereins
wünscht sich die Hand
der Liebsten.
Möchte sterben
auf einen Schlag.
Weil doch das andere
zu schwer wird,
ohne Illusionen,
ohne Wünsche, die in Erfüllung gehen,
ohne Morphium und den Rest vom Pfarrer.

Gott,
du trägst ein Kreuz
auf der Schulter.

Gott,
du verstehst.

Lass mich den Frieden finden,
den du verdient hast.

Krieg

Mein Gott,
es ist Krieg.
Sie machen Krieg.
Sie wissen es nicht anders.
Sie töten.
Wollen selbst nicht sterben.
Wollen nicht das Gesicht verlieren,
nicht die Macht,
nicht das Heft des Handelns –
oder
wie immer
sie den Tod der anderen
rechtfertigen.

Mein Gott,
was ist Frieden?
Das Schweigen der Waffen?
Zwei Mahlzeiten am Tag?
Mütter ohne Angst
und Väter ohne Gewehre?

Ich weiß es nicht.
Ich kann nicht für sie sprechen.
Ich kann nicht eingreifen.
Ich bin ein Rohr im Wind,
habe Verständnis für beide Seiten
und weiß selbst keine Lösung.

Du, unser Gott,
weißt es besser.
Bereite du einen Frieden, der gilt.
Erbarme dich der Kinder.
Erbarme dich der Alten.
Erbarme dich der Mütter.
Erbarme dich der Unschuldigen.
Erbarme dich der Schuldigen.

Wo Menschen irren,
ebne du den Weg
zum Frieden.

Last

Es ist mir schwer geworden, Gott.
Schon am Morgen liegt eine Last auf mir.
Auch am Sonntag finde ich keine Erholung.

Du hast mich eingeladen.
Du hast gesagt,
ich könne mitbringen, was mich drückt.
Hier sei nicht nur eine Gemeinschaft,
die das Schwere mit mir teilt.
Hier sei nicht nur eine Botschaft,
die mir das Herz leichter macht.
Hier sei nicht nur das eine oder andere Lied,
in das ich einstimmen könnte.
Hier seist du selbst.

Gott, nimm du mir die Last ab.
Schenke mir neue Kraft,
und dort, wo ich selbst nicht mehr kann,
trage mich
oder geh selbst den Weg
für mich.

Leben

Du berührst die Erde
und es wird Leben.
Du gibst deinen Geist
und die Welt atmet.
Du gibst dein Leben
und wir richten uns auf.
Du wirst Mensch
und siehe, wir leben.

Du hast mich gekannt,
Gott, als niemand an mich dachte.
Du hast mich geliebt,
als ich noch nicht war, wie ich geworden bin.
Du trägst mich,
jetzt, heute, morgen.

Deine Geduld ist der Boden, auf dem ich wachse.
Deine Liebe ist die Wärme, in der ich blühe.
Deine Nähe ist die Glut, in der ich reife.
Deine Gnade ist der Korb, in dem man mich erntet.
Deine Vergebung ist die Erde, in die man mich legt.

Licht

Aus Licht kommen wir.
Ins Licht gehen wir.
Nichts Dunkles hält stand.

Aus Gottes Licht kommen wir.
In Gottes Licht mündet jeder Weg.
Nichts Dunkles hält stand.

Nichts bleibt verborgen.
Alles kommt ans Licht.
Nichts Dunkles hält stand.

Nichts muss mich ängstigen.
Du kennst mich, Gott.
Nichts Dunkles hält stand.

Alles kommt auf den Tisch.
Keiner kommt unter die Räder.
Nichts Dunkles hält stand.

Niemand kommt zu kurz.
Gott wartet auf alle.
Nichts Dunkles hält stand.

Christus ist auferstanden.
Er ist wahrhaftig auferstanden.
Nichts Dunkles hält stand.

Liebe

Treuer Gott,
beides bleibt ein Geheimnis:
Dass ich liebe,
ist ein Wunder;
dass ich geliebt werde,
ist ein Wunder.
Ich danke dir,
dass ich beides erlebe.
Ich bitte dich,
dass ich beides nicht verfehle.

Heile die Wunden
gescheiterter Herzlichkeit.
Nimm unsere Freundschaften,
unsere Ehen
und Familien in Pflege.

Weite unser Herz.
Wir wollen als Gemeinschaft so leben,
dass keiner ohne Liebe bleibt;
so arbeiten, dass Zeit bleibt für Zärtlichkeit,
und so gestalten, dass Raum bleibt
für herzliche Gefühle.

Schütze die Liebenden,
umfriede die Zärtlichen,
sei nahe den Einsamen,
lege deinen Mantel der Liebe
um uns alle.

Lob

Treuer Gott,
dankbar für den Segen
eines neuen Morgens
feiern wir Gottesdienst.

Die ganze Schöpfung
rufst du aus der Enge in die Weite,
aus der Pflicht ins Spiel,
aus der Hast in die Ruhe.

Heiter und hell
leuchtet deine Liebe.
Befreit atmen wir auf,
singen dein Lob
und stimmen
über alle Grenzen hinweg
ein
in das Danklied
deiner Kirche.

Lust

Es ist eine Lust, zu leben, Gott.
Draußen die Sonne,
die Vögel, das Licht.
Hier die Lieder, die Freunde,
dein Wort.

Es ist eine Lust, zu leben, Gott.
Mit der Sonne blühen wir auf,
mit den Vögeln singen wir um die Wette,
mit deinem Wort legen wir jeden Zweifel ab.

Es ist eine Lust, zu leben.
Lass viele diese Freude spüren.
Lass viele diese Freude teilen.
Lass uns aufrecht gehen,
Hände, Gesichter und Träume teilen.

Es ist eine Lust, zu leben,
das spürt deine ganze Schöpfung:
Vom Aal bis zum Zander,
von der Amöbe bis zum Zeisig,
von der Wiesenblume bis zur Biene
singt die ganze Schöpfung ihrem Schöpfer
ein Danklied.

Es ist eine Lust, zu leben, Gott.
Danke, dass sie auch mich erfasst hat.

Macht

Gott,
du hattest es noch nie
mit den Mächtigen.
Sie sind so anfällig.
Sie lassen antreten,
marschieren und bezahlen.

Du hast ihnen Macht gegeben
und sie nahmen diese Macht
als Freibrief.

Jedem von uns hast du
Macht gegeben.
Wir können entscheiden,
zu tun oder nicht zu tun.
Zu lassen oder nicht zu lassen.

Du hast uns
ganz unterschiedlich
Macht gegeben.
Wir sind keine Handlanger.
Wir sind deine Ebenbilder.
Wir sind Mütter und Väter.
Wir sind Bürgerinnen und Bürger.
Wir sind deine Antwort
auf die Fragen von heute
und die Lösungen für morgen.

Du hast uns begabt.
Nun hilf,
dass wir deine Gaben
recht gebrauchen.

Gott,
du hattest es noch nie
mit den Mächtigen.
In den Schwachen
bist du mächtig.
In den Kleinen
bist du groß.
Und doch:
Wir sind
getauft.

Mensch

Gott, ewig weise Macht, wie strahlt dein Name
in aller Welt!

Auf die Himmel hast du deinen Glanz gelegt.
Kinderworte werden zu Mauern denen,
die nach dem Leben trachten,
Säuglingsrufe zu Burgen allen,
die Leben bedrohen.
Meinem Staunen fehlen die Worte:
Ich sehe die Weite der Himmel:
die Sonne, der Mond, die Gestirne,
– alles dein Werk.

Wo ist mein Platz in dieser Weite?
Warum beugst du dich zu mir?
Was ist dein Sinn für des Menschen Leben?

Nah am Herzen Gottes leben wir,
an seiner Fülle haben wir teil,
sein Glanz fällt auf uns, als seien wir Wesen der Himmel.
Deine Schöpfung ist uns anvertraut.
Den Weg hast du uns bereitet.
Macht hast du uns überlassen.

Schafe, Rinder, Tiere der Wildnis, Vögel des Himmels,
Fische des Meeres –
alles, was Erdenbahnen, Himmelswege
und Wasserstraßen durchzieht,
ist anvertraut unserer schwachen Hand,
dem kleinen Kind,
dem hinfälligen Menschen.

Gott, ewig weise Macht, wie strahlt dein Name
in aller Welt!

(zu Psalm 8)

Mittag

Kurz,
mein Gott,
mehr Zeit gibt man mir nicht,
will ich die Uhr weglegen,
den Tag vor dem Abend loben,
dem Schöpfer danken
und innehalten
zu einem Gebet.

Ich lege das Begonnene
in deine Hand,
das halb Fertige
und Angedachte;
das Geplante
und Angerissene.
Eben alles,
was noch werden soll
an diesem Tag.

Mitten am Tag
falte ich die Hände
zum Dank;
öffne die Hände
zur Bitte
und überlasse mich ganz
deinem Segen.

Morgen

Ich habe
meine Uhr gestellt.
Nicht nach Sonne und Mond,
nicht nach dem digitalen Sekundentakt.
Ich habe meine Uhr gestellt
nach dem Schlag der Kirchturmuhr.
Das war mir ein Zeichen, Gott.

Ob die Sekunden stimmen,
ist mir gleich.
Ihre Exaktheit
löst keines meiner Rätsel
und nimmt keine meiner Lasten.

Heute Morgen schöpfe ich wieder Hoffnung,
da war jemand, der mich freundlich grüßte,
der mir zugenickt hat,
und das war selten
in den letzten Wochen.

Jetzt lege ich die Uhr weg.
Mit dem Blick auf die Uhr
laufe ich Gefahr,
einen Tag zu verschenken,
einen Tag, der so noch nie da war,
der auch so nicht mehr sein wird;
so ganz mein Tag,
den du mir lässt, mein Gott.

Behutsam will ich diesen Tag öffnen
und bin gespannt, was du mir heute schenkst.
Und ich fürchte mich auch nicht vor den Aufgaben,
die du eingepackt hast.

Mut

Wer sind wir eigentlich?
Durch die Taufe berufen,
in der Gemeinschaft gewachsen,
gutwillig und hilfsbereit,
und wenn es darauf ankommt,
verlässt uns der Mut.

Da wären Visionen,
doch da sind Bedenken.
Da wären Träume,
doch da ist diese banale Wirklichkeit,
das fehlende Geld,
die liegen gebliebenen Aufgaben.
Die Jungen sagen, wir seien langweilig.
Die Alten sagen, wir seien zu schnell.
Die Kranken sagen, wir hätten sie abgeschrieben.
Die Gesunden sagen, wir hätten nur Augen und Ohren
für Probleme.
Die da oben sagen, wir sollten uns nicht so anstellen.

Es fehlen uns die Woge der Begeisterung,
das Feuer der Freude,
die Flügel der Heiterkeit
und die Gelassenheit des Glaubens.

Schenke uns den Mut,
den Glauben
überzeugend zu leben.

Nächstenliebe

Wie kann ich, Herr,
meinen Bruder lieben,

der
mich beim Erben betrogen
meinen Namen missbraucht
und mir wehgetan hat?

Der
mein Vertrauen missbraucht,
mich in aller Öffentlichkeit bloßgestellt
und sich nicht einmal entschuldigt hat?

Der
Gift in meinen Brunnen schüttet,
meine Saat als Ernte einbringt
und mein Haus bewohnt?

Der
nur an sich denkt,
zu seinem Vorteil heuchelt
und dem Armen die Hand verweigert?

Wie
kannst du, Herr,
nach dem allem sagen,
dass du mich liebst?

Nacht

Treuer Gott,
der Tag hat mich müde gemacht.

Da war Schwieriges,
manches blieb liegen.
Da war Schönes,
manches habe ich gar nicht genossen.
Einiges bleibt liegen
für morgen
oder übermorgen.
Anderes kann ich endlich
weglegen.
Ich möchte Feierabend machen.
Möchte zur Ruhe finden.
Nimm meine Anspannung.
Schenke mir den Frieden der Nacht.

Du wachst über mir,
ewiger Gott.
Du wachst über mir,
Jesus Christus.
Du wachst über mir,
Heiliger Geist.
Das Sorgen kann ich für heute lassen.
Morgen – ein neuer Tag.
Jetzt kann Abend werden und Nacht.
Ich bin geborgen.
Mit den anderen
bin ich geborgen
in dir.

Wir beten füreinander.
Und Gott – bei uns – wacht,
wenn wir die Hände
in den Schoß legen
und schlafen,
ruhen und träumen.

Nähe

Mein Gott,
sie sehen nicht den Engel
vor ihrem Haus
und nicht den Bruder
an ihrem Tisch.

Mein Gott,
sie tragen dein Wunder
am eigenen Leib
und dein Wort
auf der Zunge.

Und doch sagen sie:
Da ist nichts.
Da ist kein Gott.

Komm ihnen noch näher.
Rücke ihnen auf den Pelz.
Widerlege ihre Angst.

Streue Blumen,
wo es ihnen peinlich ist.
Verschwende,
wo sie in Prozenten rechnen.
Mach ihnen Beine,
wo sie auf Standpunkten beharren.

Und schenke auch mir
einen Flügelschlag Engel,
einen Hauch Schöpfung,
einen Duft Ostern,
ein Briefchen Liebe.

Mein Gott,
ich sehe nicht den Engel
vor meinem Haus
und nicht den Bruder
an meinem Tisch.

Komm mir
erträglich
nahe.
So,
dass ich spüre
und nicht nur
meine, zu
spüren.

Not

Wieder steht sie uns vor Augen –
die Not
der anderen.
Wir sehen die Bilder,
lesen die Meldungen,
geben Spenden
und beten um Hilfe.

Und doch müssen wir
tatenlos zusehen,
wie die Not wächst,
wie Hilfe zu spät kommt
und Menschen verzweifeln
in ihrer Not.

Du hast diese wunderbare Welt geschaffen,
in der wir leben.
Sie leiden.
Bewahre sie.
Du hast Israel aus der Knechtschaft
in die Freiheit geführt.
Vereitle alle Versuche böser Gewalt.
Du hast dem Sturm geboten,
dass er stillsteht.
Bewahre die Menschen
vor Katastrophen und Verheerungen.

Du hast dich immer auf die Seite derer gestellt,
die Not leiden.
Du selbst begegnest uns
in den Hungernden und Dürstenden,
in den Besitzlosen und Chancenlosen.

Wir bitten dich:
Wende die Not.

Offenbarung

Gilt, was du sagst, Gott?
Leuchtest du auch morgen noch
einen Weg?
Zeigst du dich immer noch
ohne Netz?
Bist du immer noch
dem Irrtum ausgesetzt?
Gehen dir die Kommentare
nicht an die Nieren?

Du brennst.
Du liebst.
Du weigerst dich.
Du vergibst.
Du strafst.
Du heilst.
Du schweigst.
Du bleibst.
Du leuchtest.
Du zürnst.
Du stärkst.
Du sprichst.
Du zögerst.
Du gehst.
Du kommst.
Du sprichst.

Und morgen,
Gott,
morgen
zeigst du dich uns
neu.
Danke.

Ökumene

Herr Jesus Christus,
deine Kirche ist gespalten,
im Bekenntnis uneins
und in der Wirkung schwach.

Auf jedes positive Zeichen
folgt ein Rückschlag.
Das Miteinander stagniert.
Meist genügen wir uns selbst.

Lass uns entschlossen deine Nähe suchen
und das, was uns wichtig ist,
mit anderen freudig teilen.

Lass uns in unserer Stadt / in unserem Ort,
im Miteinander der Konfessionen in unserem Land
und weltweit in der Ökumene
nie vergessen,
dass wir nur gemeinsam
glaubwürdig Zeugnis geben können
von deiner Liebe,
uns glaubwürdig einsetzen können
für Recht und Frieden.

Sende deinen Heiligen Geist
in alle Menschen,
die sich heute in deinem Namen versammeln;
die von Ost nach West dein Lob singen,
dein Wort hören
und dein Gebet beten.

Schenke deiner Kirche,
was sie schmerzlich vermisst:
in der Vielfalt die Einheit,
in der Auseinandersetzung die Geschwisterlichkeit,
im Streit die nötige Geduld
und im Blick auf die Wunden der Welt
die einende und heilende Kraft
des Heiligen Geistes.

Ordnung

Gott,
sie schreiben in kleine Karos,
sie bestehen auf Linien, Regeln
und Noten.

Aber mich liest man
zwischen den Zeilen.

Ich passe nicht in ihre kleinen Karos.
Ich will nicht tanzen zu ihrem Spiel.
Ich fühle mich fehl am Platz,
fern ihrer Ordnung.
Ein Zaungast
an deinem Tisch.

Und doch,
da waren auch andere,
die nicht in die Schubladen passten,
die gegen Regeln verstießen
und dennoch dich lobten.

Ein Pharisäer.
Ein Zöllner.
Eine stadtbekannte Frau.
Ein vorsichtiger Politiker.
Ein schwangeres Mädchen.
Ein Engel am Grab.

Du stellst jede Ordnung
auf den Kopf.
Du gibst unseren Hoffnungen
Hand und Fuß.

Ehre sei Gott
zwischen den Zeilen
und jenseits der Karos.
Ehre sei Gott
in den Himmeln der Himmel.

Ostern

Es ist dein Licht, Gott,
das Leben wirkt.
Es ist deine Liebe, Gott,
die in die Auferstehung ruft.
Ein weiteres Mal ist uns gesagt:
Christus ist auferstanden!
Der Herr ist wahrhaftig auferstanden.

Lass nun den Christus in mir
auferstehen,
rufe auch mich, wecke mich
aus dem Todesschlaf.
Nimm mir die Müdigkeit,
mach mir junge Beine.

Drinnen und Draußen,
Oben und Unten,
Himmel und Erde –
Gott und Mensch eins.
Die Welt ist erfüllt vom Osterlicht.
Er ist auferstanden.
Das erzählen die Frauen.
Ihnen geht das Herz über.
Sie haben gehört und gesehen.

Auch ich bin gekommen,
auch ich habe gehört.
Auch ich trage ein Licht mit mir.
Halte du es am Leuchten
in meinem Leben.
Erhalte mir den
frohen Klang der Osterlieder.
Ich bin angesteckt von der Osterfreude.
Dank sei Gott!

Paradies

Ist der Traum ausgeträumt,
Gott?

Klagen die Polkappen zu laut?
Mischen sich Wehlaute in das Lied der Eisvögel?
Verlieren die Blüten ihre Leuchtkraft
und die Gräser ihre Milde?
Verweigern die Edelhölzer die Zukunft?
Und wagen die Insekten den Aufstand,
der schlimmer wäre als jeder Terroranschlag?
Gehen die Bakterien unkontrollierte Wege
und geraten die Wasser aus dem Lot?

Wir hatten einen Traum,
Gott,
den Traum vom Paradies.
Zum Schutz des Lebens
hast du uns die Engel
in den Weg gestellt.
Zum Erhalt deiner Ordnung
hast du uns den Zutritt verweigert.

Doch dann kam Jesus,
Mensch unter Menschen,
Gott für die vielen.
Der Himmelsschlüssel in unserer Hand.
Das Paradies offen
und das Gottesreich ganz nah.

Noch taumeln wir im Rausch unserer Erkenntnis.
Doch schütze uns – vor uns selbst.
Wehre der Gier.
Leuchte uns einen Weg,
der nicht schadet.
Halte die Tür offen,
wir kommen auf Umwegen.
Übe mit uns
Staunen.

Passion

Es ist dein Leiden, Gott,
das mich rettet.
Es ist dein Kreuz
und es ist dein Tod, Jesus Christus,
die uns aus unserem Tod erlösen.
Ein weiteres Mal ist uns gesagt:
Für uns gestorben.

Das will ich stehen lassen, Gott,
will mich nicht wehren
mit meiner Vorstellung von Liebe,
mit meinen Vorbehalten gegen dein Opfer.
Lass das Geheimnis deiner Liebe
in mir wirken,
dass ich mich löse
von meinen Bildern
und mir helfen lasse.

Drinnen und Draußen,
Oben und Unten,
Himmel und Erde –
Gott und Mensch eins.
Die Welt ist erfüllt von Trauer.
Du hältst dich nicht heraus.
Du kennst Angst, Gewalt und Not.
Du weißt auch, was mich quält.

Für uns gestorben.
Das predigten die Generationen vor uns.
Sie haben gehört und gesehen
und im Glauben angenommen,
was uns ein Rätsel ist:
deine Liebe.

Auch ich bin gekommen,
auch ich habe gehört.
Auch mir bleibt vieles ein Rätsel.
Hilf mir vertrauen.
Und schenke auch mir
ein Ostern.

Pfingsten

Es ist dein Feuer, Gott,
das Leben wirkt.
Es ist dein Geist, Gott,
der ins Leben ruft.
Ein weiteres Mal ist uns gesagt:
Wir sind bei Trost!
Gottes Geist wirkt unter uns.

Lass nun den Heiligen Geist in mir
wirken,
rufe auch mich, wecke mich
aus der Lähmung.
Nimm mir die Müdigkeit,
mach mir junge Beine.

Drinnen und Draußen,
Oben und Unten,
Himmel und Erde –
Gott und Mensch eins.
Die ganze Schöpfung ist erfüllt von deinem Geist.
Jesus Christus ist auferstanden.
Das erzählen die Jünger,
brennend vor Freude,
in allen Sprachen.
Sie haben gehört, gesehen und gespürt.

Auch ich bin gekommen,
auch ich habe gehört.
Auch ich trage den Heiligen Geist in mir.
Halte du auch mein Glaubensfeuer
am Brennen.
Erhalte mir den
frohen Klang der Pfingstlieder.
Ich bin angesteckt von der Pfingstfreude.
Dank sei Gott!

Rechtfertigung

»Nicht aus des Gesetzes Werken.«
So haben wir es im Unterricht gelernt,
und doch nicht verstanden.

Messen wir unser Tun und Lassen
an deinem Gebot,
wer wollte behaupten,
er könne bestehen.

Nicht durch unsere Taten
stehen wir, Gott,
vor dir als Gerechte, fromm, rechtschaffen,
mit einem Guthaben im Buch des Lebens.

Nicht , dass wir unterlassen haben,
was andere taten,
das offensichtlich Böse,
die schweren Sünden.

Allein was Jesus Christus,
dein Sohn,
für uns getan hat,
nimmt uns die Schuld
und macht uns vor dir gerecht.

Auf deine Gnade
setzen wir unsere Hoffnung.
In deiner Liebe
gründet unser Vertrauen.
Aus der Wurzel deines Kreuzes
wächst unser Leben in den Himmel.

Dank und Ehre dir, Gott,
Vater, Sohn und Heiliger Geist.

Resignation

Guter Gott,
wir sind bereit, aber zu wenige.
Wir sind sensibel, aber zu schwach.
Wir sind informiert, aber mutlos.
Die Siegeszeichen haben wir abgelegt,
die Gitarren liegen verstimmt im Kasten
und das Osterlachen ist uns vergangen.

Wir haben resigniert,
haben uns eingerichtet
und geben uns zufrieden.

Nun mach aus uns Menschen,
Ostern gewachsen und mündig,
auferstehungsfähig und mutig.

Dein Engel hört durch Mauern,
sieht ins Herz
und spricht unsere Sprache.

Sende uns deinen Engel,
der uns wegholt
aus unserer Resignation,
neue Lieder mit uns übt
und mit uns aufbricht
in die Weite des Lebens.

Ruhe

Was ist das
für ein schönes Wort:
Ruhe.
Wir kommen zur Ruhe.
Das klingt nach dir, Gott:
Wir kommen
zur Ruhe.

In deiner Ruhe herrscht Frieden,
grünt Hoffnung,
wächst Gerechtigkeit,
erheben sich die Gebeugten,
wanken die Mächtigen
und finden die Zagenden
Keime der Zuversicht.

In dieser Ruhe
wurzelt der Paradiesbaum.
In dieser Ruhe
spricht Gott
in verständlichen Worten.

Dies Land betritt kein Mensch,
es sei denn,
er ginge durch die Furt
als Letzter.

Oh Gott,
das wollten wir nicht.
Oh Gott,
danach greifen wir.
Oh Gott,
darauf bauen wir
deine Kirche.

Sakrament

Dein Wort, Gott,
ruft ins Leben,
schenkt uns die Weite,
die Welt der Sinne,
die Klänge, die Bilder, die Liebe, den Sinn.

Dein Wort, Gott,
gibt uns das Maß,
zeigt uns die Ordnungen,
nennt die Grenzen,
Anfang, Weg und Ziel.

Deine Sakramente
sind die Zugabe.

Die Taufe versichert uns:
Wir gehen nicht allein.
Wir sind deine Kinder.
Du lässt uns nicht los.
Du bleibst.

Das Abendmahl versichert uns:
Kein Fehler ist zu groß,
kein Umweg zu weit.
Aus der Gemeinschaft mit dir fällt niemand ins Nichts.
Du vergibst und liebst.

Dir sei Dank
für das Geschenk der Taufe
und für die Freude des Abendmahls.

Sanftmut

Die Sanftmut,
die Milde und Güte
hat man uns ausgetrieben.

Anderes zählt:
Geld, Macht, Leistung, Erfolg
sind die Zauberworte unserer Zeit.

Jesus Christus,
du hast den Barmherzigen
Barmherzigkeit verheißen.
Du hast die Sanftmütigen selig genannt
und ihnen das Erdreich versprochen.
Wir scheinen weiter entfernt denn je
von der Erfüllung deiner Verheißung.

Stärke unsere Geduld.
Kräftige unsere Bereitschaft zur Milde.
Gib der Gewaltlosigkeit eine Zukunft
und der Sanftmut deinen Segen.

Scham

Gott,
gib uns die Scham zurück.
Unsere Wohlstandswelt
verkommt
zu einem riesigen Warenlager.
Alles ist käuflich.
Nichts ist mehr heilig.
Geld regiert die Welt.
Frechheit hat das Sagen.

Wir sind abgehängt,
Gott.
Wir haben Bedenken,
grübeln über den rechten Weg
und haben
keine Freude
an der Enttäuschung
der anderen.

Gib uns die Scham zurück.
Schamlos taumeln wir
zwischen Gut und Böse,
wissen, was Recht ist,
tun nicht das Gute,
und fühlen uns dennoch
betrogen.

Gib uns die Scham zurück,
Gott,
das Gespür für das Schöne,
die Einsicht in das Richtige,
die Erkenntnis des Guten.

Schäme uns, Gott.

Schönheit

Gott,
du schenkst uns
ein Gespür für das Schöne,
für Wohlklang und Anmut,
für Ebenmaß und Harmonie.

Du streust Farben in die Schöpfung
und öffnest uns die Augen für deine Wunder.
Heile unsere Blindheit.

Du schenkst Menschen und Tieren eine Stimme
und öffnest unsere Ohren für deine Wunder.
Heile unsere Taubheit.

Du schenkst uns Gefühle und Empfindungen
und öffnest unser Herz für die Liebe.
Heile unsere Sturheit.

Du hast die Schöpfung wunderbar geordnet
und gibst ein verlässliches Maß den Dingen.
Heile unsere Maßlosigkeit.

Gott,
du schenkst uns
ein Gespür für das Schöne.
Wir haben den Wohlklang verloren.
Stimme uns neu.

Schöpfung

Mein Gott.
Mir verschlägt es die Sprache.
Ich sehe die Wucht der Himmel des Nachts
und höre das Lied der Erde am Tag.

Alles lebt.
Alles bebt.
Alles singt.

Das Meer tobt,
die Flüsse tanzen,
der Nebel lichtet sich,
die Wolken eilen,
das Feuer lodert,
die Berge bleiben,
die Höhen jubeln,
die Tiefen beben,
die Himmel leuchten,
Glanz strömt
aus deinem Ich.

Könnte ich dir singen,
Gott,
ich sänge ein neues Lied.
Könnte ich dir tanzen,
Gott,
ich tanzte einen neuen Reigen.
Könnte ich dir sorgen,
Gott,
ich trüge deine ganze Last.

Doch so
trage ich an meiner Schwere.
Und die
nimmst du mir ab.
Dass ich
dir tanze.
Und du
mir spielst.

Ehre sei Gott.
Morgen noch.

Seele

Mein Gott,
bin ich die oder der?
Bin ich schwer oder leicht?
Bin ich vergessen oder gesegnet?

Sie zählen die Seelen.
Ich gehöre dazu.
Wenige Tausend.
Ich habe eine Nummer.
Unter vielen.

Meine Seele hat keine Nummer, Gott.
Meine Seele schreit auf bei jeder Zahl.
Meine Seele hat Wunden.
Meine Seele hat schlechte Erfahrungen gemacht.

Ich bin um viele Erfahrungen reicher.
Wie ein wund geschossenes Tier
suche ich nach einer Zuflucht,
nach einem Stall, der mich birgt,
einem Menschen, der mich pflegt,
einer Gemeinde, die mich aufnimmt,
nach einem Menschen, der mich liebt,
und nach einem Gott,
der jetzt und hier
und ohne Ausreden
sagt:
Lass es gut sein.
Du bist angekommen.

Segen

Nichts,
was wir machen.
Nichts,
was wir können.
Nichts,
worauf wir deuten.
Nichts,
womit wir rechnen.
Nichts,
worüber wir verfügen.

Wir öffnen die Hände.
Wir sprechen nach.
Wir schließen die Augen
und lassen geschehen.

Das ist ein Segen.

Sehnsucht

Du kennst
unsere Sehnsucht,
Gott.

Du hast sie uns
in die Wiege gelegt,
ins Ohr gesungen,
ins Herz gepflanzt,
in die Augen gezaubert,
auf den Weg gestreut.

Die Sehnsucht
nach Geborgenheit und Heimat.
Die Sehnsucht
nach Vergebung und Neuanfang.
Die Sehnsucht
nach Zärtlichkeit und Schonung.
Die Sehnsucht
nach Antwort und Klarheit.

Du kennst
unsere Sehnsucht,
Gott.

Du bist
unsere Sehnsucht,
Gott.

Weite unser Herz.
Schließe die Wunden.
Öffne unsere Sinne.
Vergib den Zweifel.
Stärke den Glauben.

Sendung

Ihr seid gesegnet.

Ihr tragt sein Wort in euren Herzen.
Nun seid ihr gefragt.

Ihr tragt seinen Glanz in eurem Gesicht.
Nun seid ihr gefordert in den Dunkelheiten.

Ihr seid von ihm ermutigt.
Nun lasst euch den Mut nicht nehmen.

Ihr seid von ihm gesandt.
Nun gebt Zeugnis von seiner Liebe.

Ihr seid gesegnet.
Nun geht.
Seid ein Segen.

Sinn

Die Ameise kennt ihre Formel,
die Biene ihren Tanz,
der Vogel sein Nest
und der Wolf sein Revier.

Du, Gott, stellst den Menschen
in eine Weite, an der er zerbrechen kann.
Wir haben Anteil an deiner Fülle.
Jeder mit seinem unverwechselbaren Beitrag.
Doch ohne deine Hilfe
sind wir der Vielfalt der Möglichkeiten,
sind wir den Freiheiten
nicht gewachsen.

Du lässt uns nicht allein.
Du gibst uns Weisung und Geleit.

Du schenkst uns Fantasie für neue Wege,
Kraft gegen Hindernisse,
Liebe gegen Zweifel,
Mut gegen Unrecht,
Weite gegen Sturheit,
Fülle gegen Grenzen.

So wachsen wir mit dir, Gott.
Das ist der Weg und der Sinn:
Mit dir wachsen
und Frucht bringen
zu unserer Zeit.

Sommer

Wunderbar.
Ich bin hin und weg.
Ich spüre Leben in mir.
Ich spüre das Licht.
Gott, es ist Sommer.
Danke.

Lass mich in der Sonne baden.
Lass mich in tausend Farben blühen.
Schenke meinen Träumen eine Wiese,
meinen Sorgen eine Furt und
meiner Liebe neue Wärme.

Sprenge die Mauern
meiner Selbstkontrolle.
Brich Stäbe
aus dem Laufstall.
Durchkreuze
meine Richtigkeiten
und reinige mich
von aller Beschlagenheit.

Verscheuche die Abergeister
und die Miesmacher aus meinem Sinn.
Lass mich
den Übermut genießen,
dem Zweifel »á dieu« sagen,
meinen Krankheiten
eine Auszeit gönnen
und meinem Leben
den Glanz deiner Liebe.

An deiner Fülle
kann ich mich nicht satt sehen.
Alle Sinne sind wach,
die Zeit steht still,
das Leben hält Hof.
Du bist
da.

Sonntag

Christus ist auferstanden.
Wir feiern seine Auferstehung.
Mit ihr feiern wir das Licht des Tages
und einen neuen Tag unseres Lebens.

Dein Wort ist Boden unter meinen Füßen,
dein Ruf ist Ruf in die Freiheit.
Du sprichst mich frei.
Du bist in mir,
ich bin in dir.
Lass dies Wort auf meiner Zunge zergehen,
in meinen Adern pulsieren;
lass mich Herz an Herz mit dir
diesen Sonntag feiern,
die Woche beginnen.

Und lass mich dann,
wenn man mich braucht,
Brücken bauen,
Seile werfen
und Hände reichen.
Ich weiß, da gibt es schwierige Wege.
Doch du bist mein Fels.
Du bist mein Halt.

Sorge

Gott, du sagst mir
einfach so:
Lass das
meine Sorge sein.

Und so lege ich am Kreuz ab,
was mich kränkt;
an deiner Krippe,
was mir Hoffnung macht.
So nehme ich vom Altar mit,
was mich stärkt,
aus der Gemeinde die Gewissheit,
nicht allein zu sein,
und aus den Liedern
den neuen Mut.

Und wenn dann neu
die Schatten kommen,
die dunkle Zeit –
wenn neu die Sorge kommt, Gott:
Sei du meine Weite.
Wenn die Müdigkeit kommt, Gott:
Sei du meine Frische.
Wenn die Zweifel kommen, Gott:
Sei du meine Antwort.
Kommen die schlechten Erfahrungen,
hilf mir vertrauen.

Dann sage ich den Sorgen:
Geht weg!
Und berge
mein Leben
in deinen Schoß.

Du,
mein Lied.

Spätaussiedler

Unser Gott,
sie sagen
»das Neunundachtziger Jahr«
und meinen
die Freiheit.
Sie sagen »Heimat«
und meinen die Wolga oder
irgendein Dorf in Kasachstan.

Sie haben ihre Sprache
über Generationen gerettet,
ihre Werte
durch Not und Umsiedelung
bewahrt.
Sie sind zu uns gekommen
auf der Suche nach Heimat,
nach dem Glauben der Großeltern,
nach vertrauten Liedern
und nach Bildern,
die ihrer Seele guttun.
Sie sind Fremde geblieben
im Land ihrer Vorfahren.
Ihre Enkel leben zwischen den Welten.
Ihre Sprache verrät sie.
Was ist an uns so fremd,
dass sie nicht ankommen?

Herr,
wir bitten für die vielen,
die auf der Suche nach Heimat
zu uns gekommen sind
aus den Ländern
im Osten.
Gib ihnen Heimat
und Zukunft
mit uns.
Öffne uns.

Spiel

Ewiger Gott,
du liebst das Spiel.
Im Überfluss verschenkst du Möglichkeiten.
Dir flüstern die Bäche und dir raunen die Meere.
Dir tanzen die Insekten, dir singen die Vögel.

Du liebst das Spiel der Schöpfung.
Du hörst den Ruf des Käuzchens,
du staunst über den Fleiß der Ameisen.
Du liebst das Jauchzen der Kinder
im Spiel mit den Eltern.
Dir schlägt die Nachtigall,
dir grunzt das Schwein,
dir blökt das Schaf
und wiehert das Pferd.

Dir singt der Mensch sein Lob.
Und dir zum Lob steigt der Nebel ins Licht.

Es ist alles ein Spiel.
Du hast es erfunden –
das wunderbare Spiel des Lebens.
Grenzen kennt es keine.
Verlierer kennt es keine.
Deine Regeln gelten von Osten bis Westen,
von Tag zu Tag.
Und wir dürfen dabei sein.

Wir sind keine Spielverderber.
Wir staunen, freuen uns an den Gaben,
sind fasziniert von den Regeln.
Und alle kommen wir an.
Keiner verliert.
Du bist das Spielfeld
und du bist der Joker.
Du bist der Anfang, der Plan
und das Ende.

Wir sind so frei
und leben.

Spiritualität

Komm Gott,
Heiliger Geist.

Erfülle uns
mit der Sehnsucht
nach der Quelle;
mit dem Wunsch
nach Einheit;
mit dem Verlangen
nach Gerechtigkeit;
mit dem Willen
zum Frieden.

Überrasche uns
mit der Bescheidenheit
des Erfahrenen;
mit dem Freudentanz
der Befreiten;
mit dem Lied
der Amsel;
mit der Beharrlichkeit
der Spinne
und dem Fleiß der Ameise;
mit der Beweglichkeit
des Wassers
und der Beständigkeit
des Felsens.

Komm Gott,
Heiliger Geist.
Mache uns leer,
offen und weit.

Und dann
fülle uns
mit dem Hunger
nach dir.

Staunen

Ich komme aus meinem Alltag.
Deine Kirche ist ein geschützter Raum.
Ich muss mich nicht geben,
muss mich nicht beweisen,
muss nichts leisten,
darf einfach hier sein,
zu Hause im geschützten Raum der Kirche.
Ich bin von dir eingeladen.
Du möchtest, dass ich mich freue.

Das Leben ist wunderbar, Gott.
Ich bringe mein Staunen mit
in diesen Gottesdienst,
meine Freude am Leben
und meine Sorge um die Schöpfung.
Wir feiern das Leben,
geschaffen, bewahrt, erlöst
und gesegnet von dir.
Heute will ich das Sorgen lassen,
will hören und schmecken und schweigen.

Das Leben ist wunderbar, Gott.
Und ich bin ein Teil des Wunders.

Räume meine Sinne frei.
Komm Gott Schöpfer Heiliger Geist:
Befreie meine Dankbarkeit
aus ihrer Gefangenschaft.
Lass mich wie ein Kind
in die Hände klatschen vor Freude.

Stellvertretung

Jesus Christus,
vertrittst du den Vater
vor den Menschen –
oder vertrittst du uns
vor dem Vater?
Oder ist beides wahr –
du bist Gott und Mensch,
wie es das Bekenntnis sagt?

Du bist Gott so,
dass wir die Angst verlieren
und die Liebe erkennen.
Du bist Mensch so,
dass wir über die Würde staunen
und in der Verantwortung wachsen.

Und
du gehst den Weg
bis zum Ende.
Du kommst aus der Herrlichkeit Gottes
und gehst den steinigen Weg
des menschlichen Elends:
trägst unsere Last
in den Auferstehungsgarten.
Und wir sind
frei.

Lass uns dankbar selbst
Stellvertretung leben:
Mund sein für die, denen es die Sprache verschlagen hat;
Hand und Fuß denen, die gefangen sind und müde;
und Herz sein denen, die keinen Mut mehr haben.

So teilen wir mit denen,
die du uns
zum Lieben
anvertraut hast.

Sterben

Treuer Gott,
Sterben macht Angst.
Wir sind das Loslassen nicht gewöhnt.
Lieben, festhalten, beharren –
das haben wir gelernt.
Das Geliebte hergeben,
das hat uns niemand beigebracht.

Unsere Endlichkeit ist uns bewusst.
Wir kennen unsere Grenzen.
Wir sehen das Sterben ein.
Die Einsicht ist uns kein Trost,
das Wissen nimmt uns nicht die Angst.

Herr Jesus Christus,
schenke uns Vertrauen,
nimm uns die Angst,
öffne uns die Tür,
lass uns deine Liebe spüren
in unseren Grenzen.
Sei du unser guter Herr
im Leben und im Tod.

Stille

In der Stille,
Gott,
sind wir dir
am nächsten.
Herz an Herz.
Atem an Atem.
Wir schweigen
und du
glaubst in uns.

Du findest Wege
durch jede Mauer.
Du stillst den Hunger
unserer Seele.
In der Tiefe bist du
unser Grund.
In der Weite bist du
unser Halt.
Im Glanz bist du
die Freude
unseres Lebens.
In der Trauer bist du
unser Trost.
Im Schweigen
bist du da.
Und wir
sind
in dir.

Stolz

Da klang Stolz mit,
als ich sagte:
Das stammt von mir.
Ist das schon falsch?

Da klang Stolz mit,
als ich sagte:
Das habe ich gegeben.
Was ist daran falsch?

Da klang Stolz mit,
als ich sagte:
Da war ich dabei.
Und auf meinen Anteil zeigte
am Ganzen.

Mein Gott,
du hast mir Gaben gegeben.
Du hast mir Freude geschenkt,
vieles ist gelungen;
ich habe mich angestrengt
und bin auch stolz auf meine Leistung.

Ich bin echt stolz auf das,
was geworden ist.
Ich bin ehrlich dankbar
für die Gaben meines Lebens.
Ich freue mich,
wie du mich begabt hast.

Hochmut ist mir fremd.
Ich erhebe mich nicht über andere.
Ich bin nur stolz auf meine Leistung.
Wie ein kleines Kind sage ich:
Das habe ich gut gemacht.

Und du wirst verstehen.
Du hast ein großes Herz, Gott,
und nur ein kleines Blatt
für die winzige Eitelkeit,
die mitschwingt.

Ich weiß, du
freust dich
mit mir.

Sühne

Gott,
wir preisen dich für das Wunder
der Versöhnung.
Und doch
kommen wir unter uns
nicht zurecht
mit Sühne, Gnade
und Freiheit.

Menschen,
die getötet haben,
kommen wieder frei.
Andere haben Millionen
getäuscht und betrogen
und leben unbehelligt
unter uns.

Was ist die rechte Sühne
für eine böse Tat?

Keiner unter uns ist frei von Schuld.
Keiner von uns ist ohne Sünde.
Und doch
hast du uns
vergeben.
Die vielen kleinen Sünden und
die eine große,
dass wir deiner Liebe
nicht so recht
trauen.

Sünde

Was ist Sünde,
Gott?

Ist schon die kleine Notlüge Sünde,
die erklären soll, warum ich den Termin verpasst habe?

Ist schon der Traum Sünde,
in dem ich meinen Vertragspartner übervorteilt habe?

Ist all das Sünde,
was ich in den hinteren Räumen meiner Seele verberge?
Oder liegt alles offen,
und man sagt es mir nur nicht?

Vor dir, Gott, bekenne ich:
Ich habe gesündigt.

Für dich ist
meine Sünde
nichts Theoretisches.
Du misst nicht
nach Gramm und Kilogramm,
nach Tagen oder Jahren.

Du legst meine Sünde
auf die Waage
und sagst:
Glaube nur.
Die Rechnung ist beglichen.
Nichts ist mehr offen.
Nun geh
und versuche es
ernsthaft anders.
Du kannst.
Ich weiß.

Teufel

Manche sagen,
der Teufel
sei in die Menschen gefahren.

Andere sagen,
es gäbe keinen Gott, kein Heil
und damit auch keinen Teufel.

Wir suchen Gründe
für Falschheit,
Unrecht und Krieg,
für Gewalttat und das Böse
in der Welt.

Manche sagen,
der Mensch sei des Menschen Wolf.

Andere sagen,
Gott habe sich davongemacht.

Du aber kommst und bleibst.
Du heilst und stiftest Frieden.
Du stirbst und wir leben.
Du lebst und wir staunen.

Das entzieht dem Teufel die Hölle
und der Welt den Tod.

Wir aber sind noch keine Engel.
Wir üben noch.

Tod

Wir mussten loslassen.
Liebes ist uns entrissen.
Eine Geschichte ist zu Ende.
Wir fühlen nur Leere,
Gott.

Du hast durch
dein bitterstes Wort,
durch den Tod,
gesprochen.

Wir wissen:
Das ist nicht das letzte Wort.
Wir hoffen:
Das ist nicht das Ende des Weges.
Wir hören:
Ich bin die Auferstehung und das Leben.

Schenke uns
in aller Verzweiflung
Trost
durch das Geheimnis
des Glaubens.
In dir
sind wir eins.

Toleranz

Wir ertragen kaum
uns selbst.
Wie sollen wir
die anderen ertragen?

Wir kennen kaum
uns selbst.
Wie sollen wir
die anderen verstehen?

Wir schalten die Ohren
auf Durchzug.
Wie sollen wir
die anderen hören?

Auch wir,
Gott,
sind angewiesen.
Auch wir brauchen die anderen.
Den Rat, die Hilfe, die Vergebung, die Weite.

Du erträgst uns.
Du trägst uns.

Auch wenn deine Geduld
eine Grenze hat,
Gott:
Wirf dein Netz weit.
Lösche nicht das Licht.
Nimm uns ins Gebet.
Du erträgst uns.
Du trägst uns.

Träume

Unsere Träume
schießen übers Ziel hinaus,
haben das Reich Gottes im Blick,
das Ehre sei Gott im Ohr
und den Frieden auf Erden vor Augen.

Wir träumen ungeschützte Träume.
Wir beten ohne Absicherung.
Dazu lädst du uns ein,
der Gott,
der Jakob träumen ließ und Josef,
von offenen Himmeln
und Plänen gegen den Hunger.

Wir tragen unseren Glauben auf den Markt,
unsere Wahrheit auf die Straße
und unsere Hoffnung in die Wüste.
Wir träumen
gegen alle Prognosen
von einer Welt des Friedens.
Wir träumen
gegen alle Hochrechnungen
von einer Welt der Gerechtigkeit.
Wir träumen
gegen alle Bilanzen
von der Durchsetzungskraft der Freundlichkeit.

Wir träumen.
Doch dein Wort,
Gott,
gibt unseren Träumen Hand und Fuß
und verleiht unseren Gebeten Flügel.

Treue

Treue,
mein Gott,
ein altes Wort.
Sie lachen,
wenn ich »Treue« sage.
Er zweifelt,
wenn ich »Treue« sage.
Du verstehst,
wenn ich »Treue« sage.

Damals,
als ich am Ende war,
hast du mir geholfen.
Ich habe deine Treue gespürt,
hautnah.
Ich war kurz davor,
mein Leben wegzuwerfen,
aufzugeben:
Das wars dann.
Wird nicht mehr anders.
Wird nicht mehr besser.

Doch du hast mich herausgezogen
aus meiner Depression.
Du bist mir treu.

Den anderen
möchte ich sagen:
Treue lohnt sich.
Auf der Treue liegt Segen.
Werft euch nicht weg.

Gott,
du treuer Gott,
bleibe bei uns.

Trost

Heiliger Geist,
tröste uns in der Not unserer Seele,
tröste uns in unserem Glaubenszweifel,
tröste uns in Krankheit und Angst.
Erbarme dich unser.

Heiliger Geist,
tröste uns in der Not unserer Gemeinde,
tröste uns in der Zerrissenheit deiner Kirche,
tröste uns in der Begrenztheit unserer Kraft.
Erbarme dich deiner Kirche.

Heiliger Geist,
tröste uns in der Not der Welt,
tröste uns im Entsetzen über Krieg, Hunger und Unrecht,
tröste uns in der Ohnmacht der Hilfsbereiten.
Erbarme dich deiner Welt.

Gott,
Tröster,
Heiliger Geist.

Umkehr

Gott,
mein Ich steht mir im Weg.
Ich drehe mich um mich selbst.
Ich bin mir das wichtigste Thema.
Meine Krankheit.
Meine Sorgen.
Meine Zukunft.
Mein Recht.

Nun bin ich hier im Gottesdienst,
unter Schwestern und Brüdern,
ich schätze die Stille,
ich freue mich auf die Lieder,
warte auf ein Wort für mich,
das mich umkehrt,
den Kreislauf um mich selbst unterbricht,
das Hamsterrad meines Egos anhält,
mich neu ausrichtet.

Kehre du mich um.
Lösche nicht meine Vergangenheit,
reinige meine Zukunft.

Umwelt-Klage

Noch recken Bäume vertrauend die Äste zum Himmel,
den wir längst erden.
Sie recken Äste nach oben wie zum Gebet;
und dann fällt ein Regen.
Sie stehen, stumm klagend. Nur der, der noch hört,
vernimmt ihre Klage, ihr Brennen und Sterben,
Geschwister der Schöpfung.
Kyrie eleison.

Noch ruhen die Seen, geschaffen vom Eis,
das mächtig sich über das Festland erhob.
Kaum zwei Grad nur, und die Kälte der Erde
entspricht auch der Kälte der Herzen.
Noch ruhen die Seen, noch wühlt sie kein Blitz,
kein Sturm und kein Feuer.
Noch rüttelt man erst, noch halten die Säulen,
gerammt zwischen Erde und Hölle.
Doch wehe, sie brechen.
Kyrie eleison.

Noch liegen die Meere und warten geduldig
und kommen fortwährend. Sie grüßen und gehen.
Noch richtet der Mond seine Bahn nach der Erde.
Noch speit uns die Gischt nur Öl an den Strand
und Gifte und Abfall. Doch wer sich nicht reinigt,
wird jetzt schon befallen, vererbt seinen Kindern
den früheren Tod.
Kyrie eleison.

Noch glüht unsere Sonne so groß, majestätisch,
gebietend. Bringt Leben, gefilterte Strahlen.
Doch bohren sie längst,
durchlöchern den schützenden Mantel.
Wer weiß, ob dies Staubkorn, die Erde,
dem standhält: der güldenen Sonne, den inneren Strahlen?
Wer weiß?
Kyrie eleison.

Sag keiner, dass unseren Kindern, den Enkeln
gar nichts passiere.
Das wäre auf dem Boden, auf dem sie einst leben,
dem Boden aus Stahl und Beton,
aus Minen und Mauern
fürwahr nur ein Hohn.
Kyrie eleison.

Ungeduld

Gott,
meine Ungeduld
plagt mich.
Ich spüre,
wie ich den anderen
auf die Nerven gehe.
Sie gehen die Probleme anders an,
gemeinsam, ruhiger, gelegentlich auch mit Fehlern.
Aber meine Fehler sind nicht weniger,
ich mache sie nur allein.

Gott,
meine Ungeduld
grenzt mich aus.
Ich spüre,
wie die anderen
abrücken von mir.
Sie anerkennen meine Leistung,
aber sie lieben mich nicht.
Ich bleibe ihnen fremd.

Gott,
meine Ungeduld
schmerzt mich.
Ich möchte einer von vielen sein
in der Gemeinde, im Gottesdienst.
Ich möchte die Freude spüren,
wenn etwas gemeinsam gelungen ist.

Nimm mir den Leistungsdruck,
schenke mir Geduld,
dass ich Hände spüre
und freundliche Blicke;
dass man sich freut,
wenn ich komme.

Verbindlichkeit

Gott,
deine Kirche wird zum Projekt,
an dem man teilnimmt
und dann wieder geht.

Dein Wort
erwartet
Verbindlichkeit,
deine Liebe
erwartet
Antwort,
dein Tod, Jesus Christus,
erwartet unser Leben.

Dein Evangelium will nicht
Termin unter Terminen sein,
keine Ware mit Umtauschgarantie.
Dein Bund ist verbindlich.
»Ich bin bei euch«, sagst du,
»alle Tage.«

Das rückt mir zu nahe auf den Leib.
Ich bleibe dir vieles schuldig.
Ich scheue die Verbindlichkeit.
»Müssen« ist mir zu viel.
Ich suche eher den »Freiraum«.

Du aber bleibst das Netz,
aus dem ich nicht falle.
Du lebst verbindlich.
Gott sei Dank.

Vergangenheit

Gott,
jeder unter uns
hat seine Vergangenheit.

Gott,
und alle
haben wir
eine Zukunft.

Da ist vieles offen.
Du hast die Rechnung beglichen.
Nicht,
damit wir
neue Schulden machen.
Sondern,
dass wir
aufrecht gehen
und leben lernen
ohne Angst.

Vergebung

Du kennst mich.
Du warst doch
du bist doch
Mensch
Gott.

Du weißt, wie spröde ich bin,
wie ich mich wehre, mir helfen zu lassen,
wie mein Widerstand wächst gegen Freundlichkeiten
und meine Sehnsucht nach wahrer Vergebung.

Du vergibst mir.
Das höre ich hier im Gottesdienst
und will es auch glauben.
Doch sprich mit denen,
die ich verletzt habe,
denen ich Unrecht getan habe,
die auf meinem Gewissen lasten,
dass auch sie mir vergeben können.
Erst dann kann ich neu anfangen,
aufrecht gehen und – wo es geht –
wiedergutmachen.

Du kennst mich.
Du warst doch
du bist doch
Mensch
Gott.

Erbarme dich unser.

Versöhnung

Keiner, der Brücken schlägt,
niemand, der Wege zeigt.
Einer stirbt an der Mauer des anderen,
eine erreicht der anderen Herz nicht.

Gott,
versöhne uns.
Gib dich nicht zufrieden
mit dem Waffenstillstand.
Schaffe Frieden.
Wir schweigen uns zu Tode.

Wenn du die Hand reichst,
ist das gut.
Wenn du das Herz öffnest,
ist das besser.
Wenn du an die Stelle des anderen trittst,
mit seinen Augen siehst,
mit seinem Herzen zitterst,
mit seiner Vergangenheit dich beschwerst,
seine Last trägst,
seine Schuld bezahlst –
dann haben die Engel Auszeit.
Dann gehst du segnen.

Verstand

Gott,
du hast uns den Verstand gegeben.
Punkt und Komma können wir setzen;
wir lernen Sprachen, die unseren Eltern fremd waren;
Grenzen ängstigen uns nicht mehr;
wir reisen rund um die Erde
und sind auf Knopfdruck
verbunden
mit Fremden.

Gott,
du hast uns den Verstand gegeben.
Frieden will uns nicht gelingen.
Gerechtigkeit lösen wir nicht ein.
Liebe scheitert.

Gott,
du hast uns den Verstand gegeben.
Allein –
das Wissen erdrückt,
die Kenntnisse reichen nicht aus,
Bildung ist umstritten,
die Rechnungen gehen nicht auf.

Gott,
du hast uns den Verstand gegeben.
Gib uns Weisheit und Liebe.
Dass wir Linien ziehen mit freier Hand.
Dass wir Kreise schließen ohne Zirkel.
Dass wir lieben ohne Maß.

Mach unseren Glauben
weise.
Und schenke unserer Weisheit
Glauben.

Versuchung

Schon bei der ersten Versuchung –
aus Steinen Brot –,
du weißt, unser Gott,
schon bei der ersten Versuchung
würden wir versagen.
Bei all dem Hunger weltweit.
Und erst die Macht über die Reiche,
der Dank der Befreiten
und der garantierte Schutz vor Anschlägen …

Sie fragen:
Wann denn, wenn nicht jetzt?
Wer denn, wenn nicht ihr?
Wo denn, wenn nicht hier?
Sie sagen:
Ihr seid reich.
Ihr habt die Macht.
Ihr seid unsere Hoffnung.

Unser Gott,
wir sind durcheinander.
Gib ihnen ihr täglich Brot.
Und führe uns nicht in Versuchung.

Und irgendwo dazwischen,
zwischen Schuld und Schuld,
schenke uns ein paar Meter Nachfolge
und ein paar Tage Verstand.

Vertrauen

Manchmal, Gott,
bist du mir näher,
als ich dachte.

Manchmal bin ich dir näher,
als ich ahnte.

Meine Gedanken suchen deine Antworten.
Meine Fragen suchen eine Hand, die bleibt.

Deine Liebe
hat mich aufgerichtet,
höher als die Sonne,
wärmer als der Tag.

Mit offenen Händen
sage ich dir Dank.
Mit wachem Verstand
spreche ich mein Gebet.
Mit offenen Augen
vertraue ich dir alles Versäumte an.

Am Ende,
wenn alles gesagt ist,
ist der Weise zurückhaltend
und der Gläubige ruht in deiner guten Hand.

Frank und frei,
ohne Wenn und Aber,
sage ich Ja.
Du bist
Du bleibst.
Und ich bin
und bleibe
in dir.

Es kommt die Zeit,
da habe ich Vertrauen gelernt
und stelle keine Fragen mehr.
Gott sei Dank.
Jetzt schon.

Verzicht

Gott,
ich weiß,
dass Geld nicht glücklich macht
und Reichtum vergänglich ist.
Und doch
fällt es mir schwer,
zu verzichten.

Übe mit mir.
Schule mich im Loslassen,
unterrichte mich im Teilen.

Ich möchte verzichten können.
Ich möchte leichten Herzens teilen können.
Ich möchte üben,
bis das Loslassen
keine Pflicht mehr ist,
bis mir das Teilen
leichtfällt.

Ich kann das nicht allein.

Schenke uns deinen Heiligen Geist,
die Kraft der Gemeinschaft,
die Gabe der Liebe,
die Gewissheit des Glaubens,
den fröhlichen Tausch des Vergänglichen
mit dem Unvergänglichen.
Erbarme dich unser.

Vorsehung

Unser Gott,
was hast du vor?
Was ist dein Plan?
Ist längst bestimmt,
worüber wir rätseln und diskutieren?
Ist längst entschieden,
worüber wir uns noch streiten?

Ich suche nicht in den Sternen,
ich lege keine Karten
und lasse mich von den Linien
meiner Hand nicht beeinflussen.

Ich suche deinen Willen, Gott.
Siehst du unserer Zeit voraus?
Ist die Zukunft offen?
Können wir gestalten?
Haben wir einen freien Willen?
Sind wir verantwortlich für unser Tun
oder sind wir festgelegt durch unser Gehirn,
oder durch deinen Plan?

Kennst du unseren Weg als Kirche?
Kennst du die Zukunft meiner Familie?
Was hast du mit der Erde vor?
Ist das Ende eine beschlossene Sache?

Mein Gott,
unzählige Fragen.
Am Ende
ist jeder für sich.
Und wenn es gut geht,
dann bist du da.
Bleibe bei uns
in Zeit und Ewigkeit.

Vorurteil

Gott,
wir haben unser Urteil
längst gesprochen.
Wir haben unsere Meinung
längst gebildet.
Und das hat auch
gute Gründe.

Allein,
die Beurteilten,
die Besprochenen,
die Gemeinten
sehen das vielleicht anders.

Sie schütteln den Kopf
und sagen:
Ihr kennt uns nicht wirklich.

Gibt es so etwas
wie ein Update für Urteile,
einen neuen Satz Schubladen,
eine neue Sicht auf Bekanntes?
Kann ein Mensch
sich immer wieder neu
einstellen,
ohne die Orientierung
zu verlieren?

Du kennst das, Gott.
Du gehst mit uns auf Umwegen,
zweifelst nicht an unserer guten Absicht
und hast Erbarmen
mit mir.

Lass uns,
lass mich,
ein wenig
mit deinen Augen
sehen.

Wachsamkeit

Du willst,
dass deine Kirche wach ist, Gott.
Du hoffst,
dass wir nüchtern bleiben,
wo andere sich am Wohlstand berauschen.
Du mahnst,
dass wir die Augen offen halten,
nicht über Leichen gehen und dein Gebot brechen.

Du segnest die Wächter,
dass sie nicht müde werden.
Du gibst den Wachsamen deinen Geist,
dass sie sich nicht blenden lassen.
Du gibst den Wachen Augen,
die über die engen Grenzen hinaussehen.
Die gibst deiner Kirche gute Ohren
und einen scharfen Blick.

Sollen sie uns
Nachtwächter nennen
oder Tagträumer.
Du schärfst unsere Sinne.

Und eines Tages,
Gott,
wären wir gerne
Freudenboten.

Wagnis

Gott.
Ich bin kein Held.
Ich schließe mich gerne an.
Ich bin eher kleinlaut.
Ich melde mich selten zu Wort.
Ich kenne mich nicht so recht aus.
Ich schließe mich gerne an.
Ich bin kein Held.

Ich wäre gerne anders.
Ich würde gerne meine Meinung sagen.
Ich würde gerne Vorschläge machen.
Ich würde gerne mal ins Wort der Beredten fallen.
Ich weiß ja auch was.
Ich wäre gerne anders.

Ich würde gerne glauben.
Doch vorher müsste ich Fragen stellen.
Unbequeme Fragen.
Müsste meine Zweifel äußern,
einfach einmal den Mund aufmachen,
ungefragt.
Vielleicht, dass die Frommen
dann zuhörten
und die Zweifler
sich trauten.
Vielleicht, dass dann
der Heilige Geist
noch ein, zwei Wunder
wirkt?

Mach mir Mut,
Gott.

Wahrheit

Ich mache vieles gut,
doch nicht alles ist gerecht.

Es stimmt vieles, was ich sage,
und doch ist nicht alles wahr.

Ich suche oft,
und doch kann ich mich nicht lösen.

Treuer Gott,
ich suche deine Wahrheit,
sie ist höher als alle Vernunft,
gerechter als jedes Gericht.

In Zeiten,
in denen mich nichts davon abhält,
die Hände in den Schoß zu legen,
stille zu werden,
mich sinken zu lassen ohne Halt,
in denen es gelingt, zu schweigen,
ohne Absicht zu schweigen,

in Zeiten der Stille
bin ich dir nah, bist du nah,
wird wahr, was ich glaube.
Auf Zeit fließen wir
zusammen
in eine Richtung,
bis uns die Zeit wieder trennt.
Kurz war ich
zu Hause.

Die kleinen Scherben Erinnerung,
geben einen kleinen Spalt weit
den Blick frei
auf das, was sein wird,
wenn uns
nichts mehr
trennt.

Warten

Gott,
wir sind nicht eingestellt
auf weite Wege.
Unserem Glauben fehlt
das rechte Schuhwerk
für steinige Wege.
Wir sind nicht gewohnt,
zu warten.

Wenn wir wollen,
dann bestellen wir.
Wenn wir wünschen,
dann haben wir schon.
Wenn wir haben,
sind wir schon satt.

Nimm unser sattes Leben
und schenke ihm
einen Hunger,
der die Nacht zum Tag macht.
Durchkreuze unsere Rechnungen.
Leere die vollen Regale unserer Seele.

Gib uns einfache Aufgaben:
lieben ohne Berechnung;
helfen ohne Kalender;
schweigen ohne Blick auf die Uhr;
die Hände in den Schoß legen
und staunen,
dass du wartest –
auf uns.

Wasser

Die Quelle, der Bach,
der Fluss, der Strom –
nichts bleibt.
Am Ende gelangen sie alle
an ihr Ziel,
finden ins Meer,
in das sie sich
ohne Selbstaufgabe und Erniedrigung
versenken können.
Ob als Eis oder als Tau,
ob als Wolke oder als Regen,
ob als Quelle oder als Woge –
sie waren Wasser und nun sind sie wieder dort,
wo ihr Weg seinen Ausgang nahm,
im Meer.

So, Gott,
ist es mit uns Menschen.
Du rufst uns ins Leben.
Bedürftig und schwach,
unterschiedlich begabt,
verschieden in Hautfarbe,
Herkunft und Religion
gehen wir unseren Weg
und finden am Ende
unser Ziel in dir.

Am Ende des Ausatmens aller Gezeiten
bist du Gott, von Ewigkeit zu Ewigkeit.

Weg

Ich bin einen Weg gegangen
und habe ihn verloren.
Ich bin einen anderen Weg gegangen
und habe ihn wieder verloren.
Ich bin einen dritten Weg gegangen
und habe auch ihn verloren.

Ich verlor die Geduld mit mir.
Ich verlor die Freude an mir.
Ich verlor das Vertrauen in mich.

Doch als ich mich traurig besann,
merkte ich:
Die Wege hatte ich wohl verloren,
und doch war ich mir näher als zuvor.
Und du,
Gott,
warst nur einen Ruf weit entfernt.

Weihnachten

Es ist dein Licht, Gott,
das mich leitet.
Es ist deine Liebe, Gott,
die mich tröstet.
Ein weiteres Mal darf ich hören,
dass du kommst und bleibst.

Mich meinst du
mit deiner Liebe.
Auf mich wartest du
mit deiner Geduld.
Wenn alle Hoffnung trügt,
dann bleibt der Glaube,
den du mir schenkst.

Drinnen und Draußen,
Oben und Unten,
Himmel und Erde,
Gott und Mensch eins.
Das sagt mir dein Engel.
Das erzählen die Hirten.
Ihnen geht das Herz über.
Sie haben gehört und gesehen.

Auch ich bin gekommen,
auch ich habe gehört.
Nun schließe den Himmel
nicht wieder zu.

Weisheit

In einer Welt voller Rätsel
machen wir uns auf den Weg
mit deinem Wort.
Haben nur Handgepäck
für eine Weltreise.

Wer ist weise?
Der,
der über sich selbst fröhlich lachen kann.
Der sich freut am Zusammenbrechen der Vorurteile.
Der jedermanns Schüler ist
und nicht an Versetzung denkt.
Unruhig bei reichlichem Lob,
ruhig bei harscher Kritik.
Der nicht das das Naheliegende tut,
sondern die Lösung sucht.
Der von Kindern lernt,
über den Flug des Falken staunt
und lacht über den Schlupfwinkel der Maus.
Der keine passenden Texte sucht
beim Lied der Grille
und nicht unruhig wird
über dem Tanz der Glühwürmchen.

Ein weiser Mensch
muss glücklich sein.
Und bescheiden.
Und morgen noch
randvoll
mit Vertrauen.

Schenke uns solche Weisheit.

Welt

Mit bloßer Seele
schaue ich deine Welt,
die Sonnen und Nebel,
das Sandkorn, den Halm,
den kleinen Finger, die Knospe,
die Blüte, die Frucht.

Mit gekränkten Ohren
höre ich deine Welt,
das Rauschen und Tosen,
die Stille, die leisen Laute,
die Lieder, die Gebete,
die Chöre, den Amselruf.

Mit verletzten Fingern
fühle ich deine Welt,
die Baumrinde, das Moos,
Tasten und Saiten,
Haut und Haar,
Korn, Mehl und Brot.

Es ist deine Welt.
Deine Welt.
Weltweite Heimat.
Herberge auf Zeit.
Und dann
nach der ersten
die neue …

Weltreligionen

Gott,
im Konzert der Weltreligionen
sind wir nur eine Stimme.

Zeige uns Wege,
wie wir
durch unser Leben,
durch unsere Teilhabe
an der Freude und der Sorge
der anderen
diese eine Stimme –
Jesus Christus –
zum Klingen bringen können.

Wir wollen die anderen
nicht übertönen.
Wir finden Beeindruckendes und
Überzeugendes auch bei ihnen.

Wir sind dankbar für jeden Versuch
zum besseren Verstehen,
für jeden Schritt
auf dem Weg zum Frieden.

Segne das Miteinander
und lass uns das Kostbarste
unseres eigenen Glaubens
mit den anderen teilen –
die Liebe,
die uns Jesus Christus
gelehrt hat.

Wert

Wenn wir auseinandergehen,
dann trennt uns wieder die Welt
in solche,
die leisten,
und solche,
die anderen auf der Tasche liegen;
in Starke und Schwache,
Verlierer und Gewinner.

Wenn wir auseinandergehen,
denn trennt uns wieder der Geldbeutel
in solche,
die haben,
und solche,
die nicht haben.

Unsere Wege trennen sich.
Wir können nicht immer
beieinanderbleiben.
Wenn wir auseinandergehen,
dann geh du mit, Gott.
Du baust Brücken.
Du schaust ins Herz.
Du richtest auf.

Wenn wir jetzt auseinandergehen,
dann durchkreuzt der Segen Gottes
die Urteile und Zeugnisse,
schreibt neu an deinem Leben
und sagt dir:
Gerade auf dich warten wir.

Wiederkunft

Unsere Väter und Mütter
haben gewartet,
unsere Großväter und Großmütter
haben gewartet,
Martin Luther und Paul Gerhardt
haben gewartet,
Paulus und Johannes
haben gewartet –
aller Augen warten auf dich,
und doch sehen wir dich nicht.

Wo bleibst du, Gott Vater,
um die Welt zu regieren nach deiner Gerechtigkeit?
Wo bleibst du, Gott Sohn,
um die Welt zu erlösen mit deinem befreienden Wort?
Wo bleibst du, Gott Heiliger Geist,
um neu zu schaffen, was vom Tod gezeichnet ist?

Mit deinen ersten Jüngern bitten wir:
Ja, Herr, komme bald.

Winter

Gott.
Kalt ist es.
Wenn es gut geht,
legt sich Schnee über unsere Wunden.
Meist nur Feuchte,
nasskalt, grau, schwer.

Wieder ein Jahr.
Wir haben unser Bestes gegeben.
Es bleibt ein Gefühl von Leere.
Die Geschenke ausgepackt,
die Hände leer,
die Seele ist müde.

Nun wirkst du.
Schaffst neues Leben unter der Erde.
Längst keimt der Samen, den du gelegt hast.
Kein Mensch sieht.
Wohl dem, der jetzt seine Seele
in Pflege gibt bei dir
und seine Sorge
ablegen kann
in die Wärme und Reinheit
deiner Hand.

Lass unsere Seele
vergesslich werden für das Böse.
Lass unsere Narben
geduldig verheilen.
Nimm mich in Pflege,
einen Winter lang.

Früh senkt sich die Sonne.
Früh verabschiedet sich der Tag.
Heile mich.

Bring mein Schönes zum Leuchten,
vergib das Böse,
entschuldige das Vergebliche.

Nach dem Frost
würde ich gerne wieder
leben.
Du
weißt das.

Wissen

Ewiger Gott,
für viele stehen
Glauben und Wissen
im Widerspruch.
Sie meinen,
man müsse den Verstand
ausschalten,
wenn man glaubt.

Du, Gott,
bist uns Quelle aller Erfahrung
und Ziel aller Erkenntnis.

Unser Wissen ist begrenzt.
Und doch lernen wir täglich dazu.
Dankbar sind wir
für neue Erkenntnisse und Erfahrungen,
auch wenn das Wissen
oft in einem Tempo wächst,
dem viele nicht gewachsen sind.

Schenke uns zum Wissen die Gabe der Einsicht,
zur Erkenntnis die Gabe der Liebe,
zur Erfahrung die Gabe der Vergebung
und zur Klugheit die Gabe der Weisheit.

Wüste

Hinter unseren Schritten
wächst kein Halm mehr.
Wenn wir verstanden haben,
bleiben Rätsel.
Auf unseren Antworten
treiben die Fragen Blüten.
Wo wir gehaust haben,
bleibt nur Wüste.

Herr, Gott, Schöpfer –
die Gletscher schmelzen,
die Wüsten wachsen,
die Not erreicht unsere Straßen,
und wir sehen
die Zeichen an der Wand.

Wir haben nicht …
Wir waren es nicht …
Wie könnten wir …
Wir haben doch …

Die Wüsten wachsen
im Takt
unserer Gier.

Kehre uns um.
Wir sind
den Folgen
nicht gewachsen.

Das hört sich
wüst an,
aber
es stimmt.
Gott.

Wunder

Dankbar schöpfen wir Leben
aus Quellen,
die tiefer reichen
als die Erinnerung der Menschen.
Staunend tragen wir Segen
aus einer Fülle,
die weiter reicht
als das Maß der Menschen.
Aus dir, Gott,
und zu dir, Gott.
Und wir dürfen dabei sein.
Das ist ein Wunder.

Wir sind
Mitarbeiter des Schöpfers.
Wir tragen den Glanz des Ostermorgens
in die Welt.
Wir sind
eine Gabe Gottes.

Zärtlichkeit

Sie haben
deinen Leib zerteilt
in Konfessionen,
dein Leben
gehortet in Reliquiaren;
haben das Los geworfen
um deine Liebe;
haben wie die Schlachter gehaust
in deinen Träumen;
haben dein Wort
gebrochen,
Jesus Christus.

Jede Zärtlichkeit
ist ihnen fremd.
Sie balgen sich um richtige Sätze.
Sie streiten um des Kaisers Bart.
Sie neiden des Nächsten Glück.

Du schreibst nicht auf ihren Linien.
Du hast ein Herz für Quertreiber.
Du spottest jeder Beschreibung.
Du zielst nicht auf Buchstaben.

Du suchst Menschen.
Empfindsam wie Maria.
Dünnhäutig wie Josef.
Empfindlich wie Petrus.
Zärtlich wie du.

Schenke uns
solche Zärtlichkeit.
Durchbrich unseren Mantel
für deine Wärme.
Nimm uns
die Angst.

Zeit

Du hast uns
eine Zeit geschenkt.
Ein Maß an Tagen,
eine Fülle an Stunden,
eine Ewigkeit an Augenblicken.
Du hast uns
Zeit geschenkt, Herr.

Ein Kyrie
den verpassten Chancen.
Ein Eleison
den leer Ausgegangenen.
Ein Gloria
den Erfolgreichen.

Du änderst
die Vorzeichen:
Ein Gloria
den neuen Möglichkeiten.
Ein Eleison
den vagen Hoffnungen
und
ein Kyrie
den Fertigen.

Du hast uns
Zeit geschenkt.

Lehre uns,
in Grenzen zu leben.
Schenke uns
ein heilendes Maß.

Ziel

Da war ein Ziel:
Ankommen.

Da ist eine Erfahrung:
Scheitern.

Da bleibt eine Hoffnung:
Verlängerung.

Da ist eine Bitte:
Ankunft.

Nicht schon wieder Abfahrt.
Nicht schon wieder den Zug verpassen.
Nicht schon wieder scheitern.
Nicht schon wieder zweifeln.

Einmal ankommen.
Und zu Hause sein.
Einmal Heimat.
Und dann nie wieder zurück.
Einmal Himmel,
und dann
die Antwort:
kein Einspruch,
kein Aber,
nicht das geringste Vielleicht.

Es gilt.

Zufriedenheit

Da war noch etwas offen,
Gott,
eine Rechnung, eine Hoffnung,
eine Möglichkeit.

Selten sind wir zufrieden.
Wir haben so viele Ideen.
Uns reichen die Lösungen nicht.
Wir haben so viele Pläne.
Doch wir kommen nie an.
Immer ist noch etwas offen,
eine Rechnung, eine Hoffnung,
eine Möglichkeit.

Schenke unserer Seele Ruhe,
unseren Wunden Heilung
und unserem Glauben
Maß und Ziel.

Und dann wollten wir uns
doch noch
etwas weiter hinausstrecken
nach dir,
Gott.

Ist doch keiner zufrieden
mit der Wurzel,
wenn er
vom Schatten eines Baumes träumt;
oder mit dem Blatt,
wenn er den Geschmack der Frucht
auf der Zunge spürt.

Du verstehst.

Zukunft

Wir gießen
unsere Hoffnung
nicht in totes Blei.
Wir legen sie
in deine lebendigen Hände, Gott.

Wir suchen nicht
die ausgetretenen Wege,
auf denen man blind folgt.
Wir suchen mit wachen Augen
die Nischen, in denen Leben keimt
und du der Hoffnung
eine Bresche schlägst
durch jede Mauer.

Wir haben unser Bündel
noch nicht fertig geschnürt,
die Karten nicht zu Ende studiert,
die Übernachtungen nicht gebucht.
Wir sind unterwegs
von Herberge zu Herberge,
bleiben offen
für jeden überraschenden Rat.

Zuversicht

Ich sehe
den Himmel offen.
Ich spüre
die Kraft des Adlers.
Ich höre
milde Worte.
Ich gehe
auf neuen Wegen.
Ich teile sie
mit anderen.
Von Sonnenaufgang
bis Sonnenuntergang
singen sie
in unzähligen Sprachen
dein Lob,
feiern Auferstehung
rund um die Erde;
von Datumsgrenze
bis Datumsgrenze
feiern sie Gottesdienst.
Und ich gehöre dazu.

Grenzen sind gefallen.
Stürme haben sich verbraucht.
Fragen sind geklärt.
Dein gutes Wort ist angekommen.
Die Engel haben die Flügel abgelegt
und bleiben.

Du bist unsere
Zuversicht und Stärke.
Wir kehren um,
halten unsere Wunden
in dein Licht
und leben.

Zweifel

Es bleiben
trotz aller guter Worte,
trotz Mose, Josua und Richter,
trotz Matthäus, Johannes und Paulus
die Zweifel.

Nicht, dass wir gleichgültig wären.
Oder undankbar.
Oder sonst was.

Nicht, dass wir nicht wollten.
Oder dass wir undankbar wären
und vergesslich.
Eher müde
und von Erfahrungen
wund.

Streue Samen auf unsere magere Erde.
Gib Sonne unseren dunklen Gedanken.
Wir wollen ankommen,
zu Hause,
bei dir,
Gott.

Dann ist es gut.
Erst dann
ist es gut.

Das Standardwerk zur Predigtvorbereitung